Das professionelle 1x1

Jens Findeisen / Sabine Hockling

Burnout – Wege aus der Krise

Erkennen

Akzeptieren

Handeln

Cornelsen

Die Internet-Adressen und -Dateien, die in diesem Buch angegeben sind, wurden vor Drucklegung geprüft (Stand: Juli 2008). Der Verlag übernimmt keine Gewähr für die Aktualität und den Inhalt dieser Adressen und Dateien und solcher, die mit ihnen verlinkt sind.

Verlagsredaktion: Ralf Boden
Layout und technische Umsetzung: Text & Form, Karon / Düsseldorf
Umschlaggestaltung: Magdalene Krumbeck, Wuppertal
Titelfoto: © ifa Bilderteam

1. Auflage

Druck: Druckhaus Thomas Müntzer, Bad Langensalza

ISBN 978-3-589-23508-7

Inhalt gedruckt auf säurefreiem Papier aus nachhaltiger Forstwirtschaft.

Vorwort

Immer mehr Menschen leiden unter dem so genannten Burnout-Syndrom – eine enorme Last für die Betroffenen. Permanenter Leistungsdruck, zu hohe persönliche Erwartungen, ständig neue Anforderungen – nicht jeder hält den Belastungen der modernen Gesellschaft auf Dauer stand. Mögliche Folge: der Burnout, die totale Erschöpfung.

Von Jahr zu Jahr steigt die Zahl der Erkrankten. Galten früher vor allem Manager und Unternehmer sowie Menschen in helfenden Berufen als gefährdet, greift das Burnout-Syndrom heute bei Arbeitnehmern sämtlicher Branchen, Hausfrauen, Arbeitslosen und sogar Schülern um sich.

Krankenkassen warnen eindringlich, denn die Zahl der Beschäftigten, die wegen eines Burnouts ausfallen, wächst ständig. All diesen Ausbrennenden einen Weg zurück ins (Arbeits-)Leben aufzuzeigen, ist ein wesentliches Ziel dieses Ratgebers. Mit unserem Buch wollen wir aber nicht nur den Betroffenen helfen, sondern besonders auch den „Burnout-Risikokandidaten".

Der Ratgeber gibt Tipps zur Vorbeugung, zeigt verschiedene Lösungswege aus der Misere und verfolgt dabei einen neuen Ansatz, indem die verschiedenen Ratschläge verschiedener Burnout-Experten berücksichtigt werden. Ob der Psychologe, der Hausarzt oder der Karriere-Coach, ob der vom Burnout Geheilte, der Fachanwalt für Arbeitsrecht oder der Spezialist der Krankenkasse – sie alle blicken mit ihrer individuellen Erfahrung und aus ihrer jeweiligen Perspektive auf das Phänomen Burnout.

Die Namen aller in diesem Buch zitierten Burnout-Betroffenen haben wir geändert.

Wir danken allen, die uns beim Schreiben dieses Ratgebers unterstützt haben. Besonderer Dank gebührt Hubert Wantoch von Rekowski und Ulf Weigelt.

Hamburg, im Sommer 2008 *Sabine Hockling* und *Jens Findeisen*

Die Autoren

Jens Findeisen (Jahrgang 1972) ist seit mehreren Jahren Redakteur bei einer gesetzlichen Krankenkasse. Seine Ausbildung absolvierte er an der Henri-Nannen-Schule und bei dem Online-Angebot des Magazins Stern.

Sabine Hockling (Jahrgang 1970) ist Autorin und Journalistin. Sie war viele Jahre als Wirtschaftsredakteurin beim Axel Springer Verlag und dem Online-Angebot des Magazins Stern tätig. Im Februar 2006 veröffentlichte sie ihren ersten Ratgeber (Arbeitsrecht) im Cornelsen Verlag.

Inhaltsverzeichnis

Teil 1 Das Phänomen Burnout

Teil 3 Nützliche Adressen und Literatur

Teil 1

Das Phänomen Burnout

Das Burnout-Syndrom (englisch „to burn out" = ausbrennen) bezeichnet eine ausgeprägte Erschöpfung.

Menschen, die darunter leiden, reiben sich oft über Jahre auf – für die Arbeit und die Kollegen, für Freunde, den Partner und die Familie.

Sich selbst, ihre eigenen Grenzen und ihre Wünsche verlieren sie dabei aus dem Blick, bis sie krank werden und nichts mehr geht.

1 Das Burnout-Syndrom

1.1 Geschichte des Burnout-Syndroms

Anfang der 1970er-Jahre verwendete der US-amerikanische Psychoanalytiker Herbert Freudenberger erstmals den Begriff „Burnout". Menschen in so genannten helfenden Berufen (zum Beispiel Ärzte, Lehrer, Sozialarbeiter, Erzieher) fielen damals wegen außergewöhnlich häufiger Krankschreibungen und langer Fehlzeiten auf. Als Ursache sah Freudenberger eine hohe Arbeitsbelastung, gepaart mit einem besonders starken persönlichen Engagement. Die Kombination aus beidem, so Freudenberger, führe zu einem psychischen und physischen Abbau, der einem „Ausbrennen" gleiche.

Psychischer und physischer Abbau, der einem „Ausbrennen" gleicht

Burnout ist ein bildhafter Begriff: Das Innere eines Gebäudes geht in Flammen auf, obwohl die äußere Hülle mehr oder weniger unversehrt erscheint.

1976 veröffentlichte die ebenfalls US-amerikanische Psychologin Corinna Maslach konzeptuelle Überlegungen zu dem von Freudenberger eingeführten Begriff. Sie entwickelte einen speziellen Fragebogen, das Maslach-Burnout-Inventar, der zur Feststellung eines Burnouts dienen sollte.

Drei Symptome als charakteristische Burnout-Indikatoren

Maslach stellte drei Symptome als charakteristische Burnout-Indikatoren dar:

- emotionale Erschöpfung
- Depersonalisierung
- reduzierte persönliche Leistungsfähigkeit

In Deutschland fand der Begriff „Burnout" erstmals im Jahr 1982 als psychosomatisches Phänomen Eingang in ein Lexikon. Weithin bekannt ist das Burnout-Syndrom hierzulande aber erst seit Mitte der 1990er-Jahre.

Ins Blickfeld der Medien geriet die Krankheit, nachdem einige Fälle bekannter Sportler und Musiker öffentlich wurden. Der Skispringer Sven Hannawald beendete aufgrund eines Burnout-Syndroms seine Karriere; der Fußballspieler Sebastian Deisler litt darunter; der Jazzpianist Keith Jarrett musste eine jahrelange Zwangspause eingelegen, der Rapper Eminem sagte eine Tournee burnoutbedingt ab.

Seit eine wachsende Zahl von Prominenten sich öffentlich zu ihrem Burnout bekennt, gelangt die Krankheit langsam aus der Tabuzone. Der Begriff des Burnout hat sich inzwischen als

Bestandteil der alltagspsychologischen Konversation etabliert.

1.2 Krankmacher Stress

Seelische Erkrankungen nehmen zu

Psychische Störungen sind ein Phänomen unserer Zeit. War es noch bis ins 20. Jahrhundert hinein gang und gäbe, das Wort Krankheit ausschließlich mit organischen Ursachen in Verbindung zu bringen, so würde heute wohl niemand mehr bestreiten, dass auch seelische Erkrankungen wirkliche Krankheiten sind.

Mehr noch: Inzwischen kann von einer wahren Epidemie neu erkannter Störungen gesprochen werden. Ob es sich nun um das Borderline-Syndrom oder das Chronic-Fatigue-Syndrome handelt, ob um Mager- oder Internetsucht:

> *Die Zunahme psychischer Erkrankungen ist ein deutliches Indiz dafür, dass sich der seelische Druck auf die Menschen in unserer Leistungsgesellschaft massiv verstärkt hat.*

Stress gilt als Krankmacher Nummer eins

Die Weltgesundheitsorganisation (WHO) stuft Stress als eine der größten Gefahren für das menschliche Wohlergehen im 21. Jahrhundert ein. Stress gilt als Krankmacher Nummer eins.

Dass sich die Deutschen tendenziell immer seltener krankschreiben lassen, dürfte denn auch weniger einer allgemein steigenden „Volksgesundheit" geschuldet sein, als vielmehr der weithin grassierenden Angst vor dem Jobverlust. Denn die Ausfälle aufgrund psychischer Überlastung – und hierzu zählt auch das Burnout-Syndrom – nehmen gegen den Trend stark zu.

1.3 Was ist Burnout?

Die Krankheit kommt schleichend über einen längeren Zeitraum

Unter Burnout versteht man eine emotionale, körperliche und psychische Erschöpfung, die über einen längeren Zeitraum (mindestens sechs Monate) anhält. Typisch ist, dass die Krankheit sich Zeit lässt, sie kommt schleichend daher. Nicht selten über einen Zeitraum von sehr vielen Jahren.

Den Anfang macht für gewöhnlich eine Verschiebung der Prioritäten in unserem Leben. Auf unserem Zeitkonto stehen jeden Tag 24 Stunden zur Verfügung, die wir abheben können, um

... zu schlafen,
... zu arbeiten,
... zu essen,
... zu telefonieren,
... sich zu waschen,
... mit dem Partner zu reden,
... den Haushalt zu versorgen,
... Freunde zu treffen,
... Sport zu treiben,
... Fernsehen zu gucken,
... Hobbys nachzugehen,
... Musik zu hören,
... Spiele zu spielen usw. usw.

Viele Burnout-Kandidaten buchen nach und nach immer mehr Stunden für die Arbeit ab. Und wenn sie könnten, würden sie ihr Zeitkonto zugunsten der Arbeit überziehen. Zeit für Entspannung: Fehlanzeige.

Für die Arbeit wird immer mehr Zeit aufgewendet

„Das kann ich mir jetzt nicht erlauben", „Der Chef verlässt sich doch auf mich", „Ohne mich würde der Laden ja nicht laufen" – das sind klassische Begleitphrasen einer beginnenden „Burnout-Karriere". In deren weiterem Verlauf auch die lebensnotwendigen Dinge – Schlafen, Essen – auf ein unvermeidliches Minimum reduziert werden. Diese störenden „Zeiträuber" werden auf dem Altar der Unverzichtbarkeit geopfert.

Ein solcher Parforceritt durchs Leben kann eine Weile gut gehen, denn der menschliche Organismus ist erstaunlich robust. Aber irgendwann brechen Körper und Seele unter der Belastung zusammen, denn die Betroffenen haben nicht gelernt, mit ihren eigenen Energieressourcen zu haushalten. Sie wissen oft nur unzureichend, wie man die „Akkus" wieder auflädt (siehe Kapitel 2: „Warnsignale wahrnehmen und handeln").

Was folgt, ist Verzweiflung, Frustration, totale Erschöpfung. Wenn der morgendliche Weg ins Badezimmer als Marathonlauf empfunden wird, ist der Tiefpunkt erreicht.

Bis zu zehn Prozent der Deutschen sollen betroffen sein

Bis zu zehn Prozent der Deutschen sollen inzwischen vom Burnout betroffen sein. Genau kann das jedoch niemand sagen, da das Burnout-Syndrom bislang nicht als anerkannte

Krankheit im Leistungskatalog der Krankenkassen vorgesehen ist und somit in den Gesundheitsberichten der Kassen auch nicht gesondert aufgeführt wird (siehe Kapitel 10: „So hilft die gesetzliche Krankenversicherung“).

Bislang keine anerkannte Krankheit im Leistungskatalog der Krankenkassen

Der bereits erwähnte Trend zum Durchhalten führt zu einem zwiegespaltenen Bild der Lage, wie unter anderem der BKK-Gesundheitsreport 2006 bestätigt: Auf der einen Seite steht mit 47 Prozent eine große Gruppe von Beschäftigten, die sich übers Jahr hinweg kein einziges Mal krankmeldet. Doch wenn es sie dann erwischt, dann richtig: 42 Prozent aller Krankentage gehen aufs Konto von Langzeitfällen mit über sechswöchiger Krankheitsdauer. Eine psychische Erkrankung dauert im Schnitt etwa 30 Kalendertage.

Aus den Zahlen des BKK-Gesundheitsreports 2006 lässt sich auch ein statistisches Risikoprofil erstellen: In Großstädten wie Hamburg und Berlin sind psychische Erkrankungen fast doppelt so häufig wie in Flächenländern. Sie treffen zudem überproportional viele Frauen.

1.4 Wer ist besonders gefährdet?

Burnout bezeichnet einen Zustand der Frustration und Erschöpfung. Immer wieder wird in der Literatur darauf hingewiesen, dass das Burnout-Syndrom bei Menschen auftritt, die sich intensiv mit anderen befassen und sich dabei psychisch wie physisch so verausgaben, dass sie keine Kraft und Motivation mehr haben, ihr Leben in der bisher durchgeführten Intensität fortzusetzen.

Besonders Menschen in den so genannten helfenden Berufen scheinen gefährdet zu sein: Unter Sozialarbeitern und Krankenpflegern liegt die Burnout-Rate doppelt so hoch wie im Durchschnitt, schätzt die Weltgesundheitsorganisation (WHO).

Besonders Menschen in den so genannten helfenden Berufen scheinen gefährdet zu sein

Jede Berufsgruppe kann betroffen sein

Während Experten allerdings noch vor einigen Jahren davon ausgingen, dass das Burnout-Syndrom *ausschließlich* die „Helfer“ betrifft, ist inzwischen klar: Keine Berufsgruppe bleibt verschont. Die Burnout-Falle kann bei Managern wie Arbeitern zuschnappen, sie erwischt Verwaltungsangestellte, Pfarrer, Gefängnispersonal, Ärzte. Auch Menschen in kreativen Beru-

Letztlich bleibt keine Berufsgruppe verschont

fen wie Schauspieler, Journalisten und Architekten sind betroffen.

Eine Studie des Zentralinstituts für Arbeitsmedizin und Maritime Medizin (ZfAM) fördert beispielsweise auch für Mediziner nichts Gutes zu Tage: Danach sind insbesondere Chef- und Oberärzte gefährdet. Von ihnen fühlen sich 32,7 Prozent ausgebrannt. 1997 waren es gerade einmal 12,5 Prozent.

Auch Arbeitslose können Burnout-Symptome zeigen

Das Burnout-Syndrom beschränkt sich aber nicht auf die Gruppe der Menschen, die in Lohn und Brot stehen. Noch stärker scheint die seelische Belastung für Arbeitslose zu sein. Sie erkranken, auch dies eine Schätzung der WHO, mehr als dreimal so häufig.

Burnout und Arbeitslosigkeit

Mit der Entlassung kam das Gefühl der Minderwertigkeit. Schließlich, nach Dutzenden erfolgloser Bewerbungsversuche, fühlte ich mich als Totalversager. Ich hatte wahnsinnige Schuldgefühle gegenüber meiner Frau und meinen Kindern. Ich setzte mich selbst einem permanenten Druck aus, schrieb Bewerbungen im Akkord, doch immer hieß es: „Vielen Dank ... hochinteressant ... guter Eindruck ... Doch leider ... Vielzahl an Bewerbern ... schicken wir Ihnen Ihre Unterlagen zu unserer Entlastung zurück." Erfolgserlebnisse? Fehlanzeige.

Dazu kamen die absolut sinnlosen Zwangstrainings und so genannten Fördermaßnahmen vonseiten der Arbeitsagentur, die zunehmenden Streitereien mit meiner Frau und die mitleidigen Blicke von Freunden oder ehemaligen Kollegen. Was, bitte schön, war eigentlich der Sinn meines Lebens? Wofür wurde ich noch gebraucht? Was war meine Funktion?

Siegfried F. (47), Bankkaufmann

Dass Arbeitslose überhaupt an Burnout erkranken können, mag manchen überraschen. Ist denn nicht Burnout zwangsläufig eine Folge von Überarbeitung? Jein. Der Begriff „Überlastung" trifft es besser.

Permanenter Druck, die Situation zu ändern

Viele Arbeitslose sind dem permanenten Druck ausgesetzt, ihre Situation zu ändern und wieder eine Arbeit zu finden. Dieser Druck kann von außen (Vorwürfe und Appelle von Familie oder Partner, Drohungen und Drängen seitens der Arbeitsagentur) oder von innen (Unzufriedenheit mit der eigenen Situation) auf den Arbeitslosen einwirken und ihn in einen dauernden Stresszustand manövrieren.

Wie aber sollen Arbeitslose diesem Stress entgegenwirken, woher sollen sie Anerkennung bekommen, wenn das „Stigma" Arbeitslosigkeit alle positiven Gedanken und Ansätze im Keim erstickt? Negativer Druck und fehlender Ausgleich – hier haben wir es tatsächlich mit den klassischen Voraussetzungen für ein Burnout-Syndrom zu tun.

Negativer Druck und fehlender Ausgleich

Davon abgesehen kann der Arbeitlosen-Alltag – mit dem Schreiben von Bewerbungen, dem Absolvieren von Schulungsmaßnahmen und dem Organisieren eines Lebens mit wenig Geld – dem Achtstundentag eines Angestellten in punkto „Arbeitsbelastung" manchmal ziemlich nah kommen.

Burnout bei Kindern

Auch im Zusammenhang mit Schule hat sich der Begriff „Burnout" in letzter Zeit häufig bemerkbar gemacht. Und zwar nicht auf die Lehrer bezogen, denn dort ist er ja schon längst etabliert (Lehrer zählen zur Gruppe der besonders Burnout-Gefährdeten). Gemeint sind die Schüler, die einem stärker gewordenen Druck nicht mehr standhalten können – und als Reaktion darauf psychische Störungen entwickeln. Schulpsychologen warnen, dass es in den vergangenen Jahren zu einem massiven Anstieg von Depressionen bei Schülern in Deutschland gekommen sei.

Schulpsychologen verzeichnen einen massiven Anstieg von Depressionen bei Schülern

Mit den entsprechenden Auswirkungen: Wie die Erwachsenen suchen auch die Kinder nach einem „Ventil" für ihre seelischen Schmerzen. Nur dass es sich dabei weniger um den Alkohol oder die Spielsucht dreht, dafür ritzen sich viele Schüler die Haut auf oder werden magersüchtig. Suizidfälle häufen sich.

Dabei sind rein schulpolitische Faktoren wie eine Verkürzung der Schulzeit von 13 auf zwölf Jahre an Gymnasien oder das dreigliedrige Schulsystem insgesamt nur ein Teil des Problems. Genauso schwer wiegen die gesellschaftlichen Veränderungen, mit denen sich die Kinder konfrontiert sehen. Wenn Eltern, Lehrer und Medien den Schülern vermitteln, dass sie ohne Einser-Abitur über ihre Zukunftschancen gar nicht erst nachdenken müssen und dass selbst in diesem Falle von Jobgarantie keine Rede sein kann – dann erzeugt dies Druck und Frustration.

Hinzu kommt, dass die Familie als Auffangbecken für kindliche Sorgen immer weniger taugt. Eltern haben ihre eigenen Probleme und sind häufig nicht dazu in der Lage zu verstehen, dass es ihren Kindern genauso geht. Der Befehl: „Reiß dich zusammen“, taugt allerdings nicht zur Problemlösung.

Angesichts des gestiegenen Leistungsdrucks kann man bei Kindern und Jugendlichen von Burnout sprechen

Trotz alldem: Ist es eigentlich legitim, hier von „Burnout“ zu reden? Leiden die Schüler nicht einfach an Depressionen? Zweifellos ist der Begriff „Burnout“ ein Modewort geworden, das bei vielen passenden und unpassenden Gelegenheiten angeführt wird. Dennoch spricht nach unserer Auffassung vieles dafür, dass man angesichts des enorm gestiegenen Leistungs- und Erwartungsdrucks durchaus von Burnout bei Kindern oder Jugendlichen sprechen kann.

Burnout bei Vätern

Noch so eine „Modeerscheinung“: Väter im Burnout. Was für berufstätige Mütter schon lange nichts Neues mehr ist, trifft jetzt auch zunehmend die so genannten „modernen Männer“: Zwischen Kinderdienst, Beruf und Haushalt reiben sie sich auf und leiden darunter, bei zu vielen Lasten und zu wenig Anerkennung keine Zeit mehr für sich zu haben.

Die „neuen“ Väter reiben sich zwischen Job und Familie auf

Für die „neuen“ Väter ist es selbstverständlich, zu arbeiten und trotzdem viel Zeit mit ihren Kindern zu verbringen, im Haushalt nicht nur zu helfen, sondern einen gerechten Teil des Putz-, Koch- und Waschdienstes zu erledigen.

Das Problem: Sie sind häufig nicht gut genug auf diese Herausforderungen vorbereitet: Sie bekommen nicht genug Schlaf, sie haben Stress im Job, den sie mit nach Hause nehmen, sie haben Stress zuhause, der es ihnen unmöglich macht, sich vom Job-Stress zu erholen, und sie haben Stress mit ihren Frauen, die nicht damit umgehen können, dass ihre Männer am Ende sind.

Männer können sich schwerer eingestehen als Frauen, dass sie unter der Belastung von Familie, Kindern und Beruf leiden. Sie engagieren sich stark in der Familie, reduzieren aber nicht ihren Einsatz im Job, sondern knapsen sich die Zeit in der Freizeit ab, verzichten auf die wichtige Regeneration und den Schlaf – sie powern sich total aus.

Ein Problem ist das nicht nur für die überforderten Väter. Auch Arbeitgeber und Krankenkassen klagen. Und steuern dagegen: Als erste gesetzliche Krankenversicherung hat die Techniker Krankenkasse 2008 in einem Pilotprojekt ein Burnout-Präventionsseminar speziell für Männer und Väter kreiert – bisher gab es diese Seminare nur für Frauen und Mütter.

Burnout bei Studierenden

Zunehmender Beratungsbedarf von Studierenden mit Burnout-typischen Symptomen

Auch unter Studierenden scheint das Burnout-Syndrom zu grassieren. Die Psychologischen Beratungsstellen der Studentenwerke registrieren jedenfalls einen zunehmenden Beratungsbedarf von Studierenden mit burnouttypischen Symptomen.

Laut der 18. Sozialerhebung des Deutschen Studentenwerks (DWS) aus dem Jahr 2006 kam jeder siebte Student wegen depressiver Verstimmungen zu den Beratungsstunden der Studentenwerke.

Warum das so ist? Ein Beispiel:

> Vera B. hat Kulturwirtschaft studiert, füllte die vorlesungsfreie Zeit mit Praktika aus und jobbte nebenbei als Kellnerin. Ein ganz normaler Studentenalltag. Ganz normal, aber nicht zu bewältigen. Viel zu viele Pflichtveranstaltungen, kombiniert mit einem Prüfungsstakkato – der Aufwand allein fürs Studium entsprach schon einer Vierzigstundenwoche. Mindestens. Doch dann hatte Vera noch keinen einzigen Euro für ihren Lebensunterhalt verdient. Dafür waren die Abende da.
>
> *„Ich habe mir immer gesagt: Du musst die Prüfungen bestehen und du musst sie richtig gut bestehen! Ich wollte mir schließlich die optimale Ausgangsposition für den Berufsstart sichern. Diesem Ziel hatte sich alles andere unterzuordnen: Essen, Schlafen, Erholung, Freunde, Freund – Nebensache. Und es ging ja schließlich auch eine ganze Weile gut ...“*

FULL-TIME-JOB STUDIUM

Schneller, praxisnäher und effizienter sollte es werden – das Studium im Zeichen des Bachelors. Auf jeden Fall ist es stressiger geworden. Nach der Einführung des gestuften Studiensystems in Deutschland kann das Klischee vom „süßen Studentenleben“ nun endgültig zu Grabe getragen werden.

Bachelor in Deutschland? Das geht häufig so: Das unveränderte Lernpensum muss nun in drei statt vier Jahren bewältigt werden, zusätzlich gehen die Ergebnisse jedes einzelnen Semesters in die Abschlussnote ein – und das bei enorm gestiegener Pflichtstundenzahl. Studieren, ein Full-Time-Job. Die zeitgleiche Einführung der Studiengebühren in vielen Bundesländern verschärft den Druck auf die Studierenden zusätzlich.

Die Prüfungsangst wuchs im gleichen Maße wie mein Energiepegel sank. Ich war so unausstehlich, dass sich Freunde und Kommilitonen von mir distanzierten. Ich konnte nicht mehr schlafen, aß kaum etwas, das permanente Pfeifen im Ohr machte mich verrückt und immer wieder litt ich unter Kreislaufproblemen. An Lernen war in diesem Zustand nicht zu denken. Kurz vor dem Abschluss kam dann der endgültige Zusammenbruch. Ich lag nur noch auf dem Sofa und heulte, unfähig, irgendetwas zu tun, ja, mich überhaupt zu bewegen.

Vera B. (28), arbeitslos

Wo finden Studierende Hilfe?

In Deutschland bieten mehr als 40 Studentenwerke psychologische Beratung an. Die Berater unterstützen bei Prüfungsängsten, Schreibblockaden und Lernschwierigkeiten und helfen Studierenden, die unter Depressionen oder anderen psychosomatischen Problemen leiden. Die Anmeldung in den Beratungsstellen ist unkompliziert, die Beratung in der Regel kostenlos. Natürlich bleiben die Hilfesuchenden anonym (siehe Teil 3: „Nützliche Adressen und Literatur“).

1.5 Im Stress oder schon im Burnout?

Endogene und exogene Stressauslöser

Heute wird vieles schnell als „stressig“ empfunden: das Einkaufen, die Schule, die Beziehung, die Familie und natürlich die Arbeit. Es gibt exogene, also von außen wirkende, Stressauslöser wie Lärm, Arbeitsbelastung, Termine. Und es gibt endogene, also von innen kommende, Stressauslöser wie Schmerz, ungelöste Konflikte, Hunger und Durst, die ebenfalls als stressig empfunden werden.

Ein Leben ohne Stress gibt es nicht. Über Stress und hohe Belastungen im Alltag und im Beruf zu klagen, gehört mittlerweile schon zum guten Ton. Aussagen wie: „Ich bin dieses Jahr 35.000 Kilometer mit dem Auto gefahren", oder: „Ich kann die Flugmeilen schon gar nicht mehr zählen, die ich dieses Jahr gesammelt habe", zeigen Freundeskreis und Arbeitgeber, wie leistungsfähig und wichtig man ist.

Stress zu haben gilt als Indikator für die persönliche Bedeutung und Leistungsfähigkeit

Aber natürlich ist es nicht der evolutionäre Sinn des Stresses, dass wir mit ihm angeben können. Schon unsere Urahnen erlebten Stress und an dem genetischen Ablaufplan hat sich im Prinzip bis heute nicht viel geändert.

Aber an der Bedeutung schon. In der Urzeit war Stress eine absolute Lebensnotwendigkeit. Ein Beispiel: Fanden sich unsere Vorfahren plötzlich Auge in Auge mit einem wilden Tier wieder, sorgte die „Alarmzentrale Stress" dafür, den Körper schnell zu mobilisieren, Energien bereitzustellen und das Nervensystem „scharf" zu schalten. Durch Stresshormone wurde der Körper in Flucht- oder Kampfstimmung versetzt. Blutdruck und Herzfrequenz stiegen – der Körper bekam so den „nötigen Kick", um mit der lebensbedrohlichen Situation umgehen zu können.

Diese Stressreaktionen laufen auch heute noch genauso ab, bloß dass die aus dem Paläolithikum übernommene „Flucht- und Kampfstimmung" keine adäquate Lösung darstellt, wenn der Chef zum Rapport ruft. Gegen die „wilden Tiere" unserer Zeit taugt das alte Mittel nur bedingt. Auch wenn es natürlich auch heute noch Situationen gibt, bei denen Kampf- oder Fluchtbereitschaft gefragt sind, in denen uns der Energieschub der Stressreaktoren zugutekommt. Situationen, in denen wir bestimmte Herausforderungen annehmen können und zu Höchstleistungen fähig sind.

Das ist aber, wie gesagt, heute selten der Fall, sodass die vom Stress freigesetzten Energien nicht genutzt werden und sich gegen den eigenen Körper richten. Ist die Stresssituation nur vorübergehend, kann unser Organismus damit gut umgehen. Bei Daueralarm jedoch können die gesundheitlichen Folgen immens sein.

Die vom Stress freigesetzten Energien richten sich gegen den eigenen Körper

1.6 Was passiert beim Burnout im Körper?

Zustand ständiger Anspannung und Alarmbereitschaft

Wenn Belastungen zu lange, zu häufig und zu heftig auftreten, gerät der Körper aus dem Takt: Das Nervensystem, das Blutdruck und Herzschlag in ruhigeren Momenten wieder dämpft, versagt. Der Dauergestresste gerät in einen Zustand ständiger Anspannung und Alarmbereitschaft, hat einen andauernden erhöhten Spiegel der Stresshormone, der selbst in ruhigeren Momenten nicht mehr sinkt.

Das bedeutet, die muskuläre Anspannung und die Kampfbereitschaft des Körpers sind dauerhaft hoch. Es fließt mehr Energie in die Blutbahnen, als verbraucht wird. Dieser Zustand führt zu Ablagerungen an den Gefäßwänden, die Adern verlieren an Geschmeidigkeit, der Blutdruck bleibt chronisch erhöht, das Herzinfarkt- und Schlaganfallrisiko steigt.

Es ist wie beim Bügeleisen: Einmal ganz auf der höchsten Stufe, dauert es sehr lange, bis es wieder abkühlt – selbst wenn der Strom abgeschaltet ist.

STARK GESTRESSTE MENSCHEN KLAGEN ÜBER:

- plötzliche Schweißausbrüche
- trockenen Mund
- Kurzatmigkeit
- flaues Magengefühl
- Kloß im Hals
- weiche Knie
- plötzliche Tränenausbrüche

DIE ALARMSIGNALE FÜR ÜBERLASTUNGEN TRETEN IM GANZEN KÖRPER AUF:

- Zittern der Hände
- Stottern
- Kopf- und Rückenschmerzen
- Muskelschmerzen
- Magenschmerzen
- Gereiztheit
- Gedächtnisprobleme
- Unkonzentriertheit
- Erschöpfung

Hinter diesen Alarmsignalen muss aber nicht immer Stress oder gar ein Burnout stecken. Nicht jeder, der ständig unter

Strom steht, dessen Körper in ständiger Alarmbereitschaft ist, wird auch zwangsläufig krank. Und wenn, treten auch nicht alle Alarmsignale (gleichzeitig) auf. Die meisten Menschen reagieren in einer bestimmten Form anfällig: Einigen schlägt der Stress auf den Magen, manchen auf die Muskulatur und anderen wiederum auf das Herz.

Jeder reagiert auf Stress anders

DIE FOLGEN VON DAUERSTRESS KÖNNEN SICH IN FAST JEDEM KÖRPERTEIL UND JEDER KÖRPERFUNKTION BEMERKBAR MACHEN:

- in einem geschwächten Immunsystem mit einer erhöhten Anfälligkeit für Infektionskrankheiten
- in der Lunge aufgrund der erhöhten Atemfrequenz in Form von Asthma
- in Form von Schlafstörungen (von Sonntag auf Montag beispielsweise haben die meisten Menschen die schlechteste Schlafqualität und von Freitag auf Samstag die beste)
- im Verdauungstrakt in Form von Magenschleimhautentzündungen oder Geschwüren im Magen-Darm-Trakt
- in Muskelverspannungen, Kopfschmerzen und Migräne
- in Hörsturz und Tinnitus
- in erhöhtem Cholesterinspiegel und gegebenenfalls Diabetes
- im Herz-Kreislauf-System (Bluthochdruck, Arteriosklerose und erhöhtes Herzinfarkt- und Schlaganfallrisiko)

MÖGLICHE PSYCHISCHE PROBLEME, DIE BEI DAUERSTRESS AUFTRETEN KÖNNEN:

- BEZIEHUNGSSTÖRUNGEN: Während es früher hieß: „Bis dass der Tod euch scheidet", heißt es heute eher: „Bis dass der Stress euch scheidet". Studien zeigen, Stress tötet die Liebe und die Beziehung, der tägliche Stress ist einer der wichtigsten Faktoren für die Trennung. Besonders zerstörerisch wirken eher alltägliche Sorgen und Ärgernisse wie beispielsweise ständiger Zeitdruck im Unternehmen, Schulprobleme der Kinder, Ärger mit Freunden. Diese „Klein-Probleme" reiben auf, häufig fehlt es an Unterstützung und Verständnis, die Partner sind gereizt und freudlos, haben zu wenig Zeit füreinander, es gibt immer weniger gemeinsame Erlebnisse und Genüsse. Fazit: Das Wir-Gefühl schwindet.

Der tägliche Stress ist einer der wichtigsten Faktoren für Beziehungsstörungen

- SEXUALSTÖRUNGEN: Stress beeinflusst auch die Sexualität. Überlastungen im beruflichen Bereich spielen dabei eine genauso wichtige Rolle wie private Probleme. Sexuelles Verlangen und Lust hängen von der Entspanntheit ab. Sexuelle Erregung wird vom Parasympathikus bewirkt, jenem Teil des vegetativen Nervensystems, der für Erholung und Entspannung zuständig ist. Hat der Sympathikus die Oberhand, der für die „allgemeine Mobilmachung" und Anspannung zuständig ist, so kann sich der Parasympathikus nur schwer durchsetzen – und die sexuelle Erregung ist im Stresszustand schwer möglich. Denken wir zurück an den von seinem wilden Tier bedrohten Steinzeitmenschen, eine durchaus logische hierarchische Verknüpfung.

UND AM ENDE STEHT DANN EIN BURNOUT.
Pauschal gesagt:

EIN BURNOUT ENTSTEHT AUS EINEM UNAUSGEGLICHENEN LEBEN, DAS AUS STÄNDIGEM DRUCK OHNE ENTSPANNUNG BESTEHT.

Jegliche Energie versiegt, Probleme erscheinen überwältigend, der Betroffene neigt verstärkt zu Pessimismus oder auch Zynismus.

Subjektiv erscheint die Stress verursachende Situation ausweglos

Nach Freudenberger und North fehlen beim Entstehen des Burnouts die subjektiv wahrgenommenen Möglichkeiten, die Situation zu verändern bzw. ihr entrinnen zu können. Dabei spielen auch Persönlichkeitsmerkmale – wie beispielsweise das Streben nach Professionalität und hoher Leistungswille – eine Rolle.

Gerade weil Burnout vor allem leistungsfähige und ehrgeizige Mitarbeiter trifft und dieses positiv bewertete Verhalten in den Anfangsphasen des Burnouts dominiert, ist das schleichende Abgleiten eines Menschen in den Burnout oft nicht erkennbar.

Ausführlich gehen wir im nächsten Kapitel auf die Warnsignale ein, die Betroffene unbedingt wahrnehmen und dann auch entsprechend handeln sollten – bevor es zu spät ist.

2 WARNSIGNALE WAHRNEHMEN UND HANDELN

Wer einen Schnupfen bekommt, spürt das Übel im Allgemeinen kommen: das typische Kratzen im Hals, die unangenehme Kombination aus Kopf- und Gliederschmerzen – nicht umsonst spricht der Volksmund von der Erkältung, die „im Anflug" ist. Leider nützt das Wissen darüber wenig, außer vielleicht, dass sich der Kranke in spe rechtzeitig mit Taschentüchern eindecken kann. Denn auch dies weiß der Volksmund über den Schnupfen: Drei Tage kommt er, drei Tage bleibt er, drei Tage geht er. Daran ändern auch die vielen, vielen Hausmittel und Geheimrezepte in der Regel wenig. Abwarten und Tee trinken heißt die Devise.

Burnout-Symptome sind schwer zu erkennen

Beim Burnout ist es für gewöhnlich genau umgekehrt: Es gibt eine Vielzahl von Möglichkeiten, dem totalen Zusammenbruch zu entgehen. Doch dazu müsste man erst einmal wissen, dass überhaupt ein Burnout droht. Man müsste die Symptome erkennen. Und genau daran hapert es. Woran liegt das? Drei Gründe:

- Das Burnout-Syndrom entwickelt sich schleichend,
- es kommt in unterschiedlichen Formen und Ausprägungen daher und
- die Symptome sind vieldeutig, teilweise auch widersprüchlich.

Im diesem Kapitel wollen wir einen Überblick geben über mögliche Warnsignale, Eskalationsstufen und Entwicklungen der Krankheit. Denn:

JE EHER DIE BURNOUT-GEFAHR ENTDECKT WIRD, DESTO LEICHTER IST ES, GEGENZUSTEUERN.

2.1 Die Symptome

In der Literatur gibt es zahlreiche Modelle, die sich mit Burnout-Symptomen beschäftigen. Allein die vielen Unterschiede zwischen den einzelnen Modellen zeigt, wie schwer die Symptomatik zu fassen ist. Wir werden uns bei der Beschreibung der Warnsignale am nach unserer Auffassung klarsten und „stimmigsten" Modell orientieren, dem Sieben-Phasen-Modell nach Burisch.

Den gesamten Burnout-Prozess kann man in die folgenden sieben Phasen unterteilen:

DIE SIEBEN PHASEN DES BURNOUTS

1 Vom Überengagement zur Erschöpfung
2 Distanzierung und reduziertes Engagement
3 Emotionalisierung
4 Abbau
5 Gleichgültigkeit und Rückzug
6 Psychosomatische Reaktionen
7 Zusammenbruch

In Kapitel 2.2 „Burnout-Indikatoren" haben wir für die Phasen eins bis sechs, nach den einzelnen Phasen unterteilt, je zehn typische Indikatoren in Checklistenform dargestellt. Diese Aufstellung soll eine Hilfe für Menschen darstellen, die befürchten, an einem Burnout-Syndrom zu erkranken oder bereits erkrankt zu sein.

Selbstverständlich taugt diese Liste nicht als Ersatz für eine ärztliche Diagnose. Sie kann lediglich Anhaltspunkte dafür liefern, wann ein Besuch in der Arzt-Praxis angezeigt ist.

Die Krankheit verläuft sehr unterschiedlich und die Signale sind sehr unspezifisch

Auch ist es wichtig zu betonen, dass wir es hier nicht mit einem eins zu eins übertragbaren Musterkatalog zu tun haben. Die Krankheit verläuft sehr unterschiedlich und die Signale sind viel zu unspezifisch. Nicht alle beschriebenen Symptome, nicht einmal ganze Phasen, müssen in jedem Fall auftreten, damit von einem Burnout ausgegangen werden kann.

Auch erhebt die folgende Skizzierung keinen Anspruch auf Vollständigkeit, bestimmt gibt es weitere Burnout-Indikatoren, die in unserer Auflistung nicht enthalten sind.

Genauso wenig muss derjenige zwangsläufig an einem Burnout-Syndrom leiden, der einige der beschriebenen Warnsignale bei sich entdeckt. Fast jeder kennt Phasen, in denen er schlecht schläft, keine Lust hat, zur Arbeit zu gehen oder sich „irgendwie schlapp" fühlt. Leidet er deswegen automatisch unter einem Burnout? Sicherlich nicht. Wenn allerdings eine Reihe von Warnzeichen zusammentreffen und auch nicht so schnell wieder verschwinden, dann spricht vieles für ein Burnout-Syndrom.

Die dargestellten Phasen sind nicht als strenge chronologische Abfolge zu verstehen. Zwar sind die Symptome der ersten und zweiten Phase typisch für den Beginn der Erkrankung und markieren die Symptome der siebten Phase in vielen Fällen deren „Endstadium", aber darüber hinaus gibt es keinen „festen Ablaufplan", nach dem sich die Krankheit richtet. So können schon zu Beginn eines Burnout-Syndroms durchaus psychosomatische Reaktionen auftreten.

2.1.1 Erste Phase: Vom Überengagement zur Erschöpfung

Nach dem Abbruch des Studiums habe ich mich mit doppeltem Engagement ins Berufsleben gestürzt. Eigentlich war auch alles prima: Der Job klasse, nette Kollegen, die Bezahlung hat gestimmt. Aber da war auch immer ein Gefühl der Unsicherheit. Gedanken wie: „Warum haben die ausgerechnet dich angestellt? Irgendwann werden sie merken, dass du gar nichts kannst. Und dann kriegst du nie wieder eine Stelle."

Das Scheitern an der Uni hatte wohl doch Spuren bei mir hinterlassen. Ich habe dann noch mehr geackert, Privatleben gab's faktisch gar keins mehr. Ich habe ohne Ende Arbeit mit nach Hause geschleppt und auch nachts im Bett noch über Projekten gegrübelt. Ich wollte meinen Kollegen und Vorgesetzten und vor allem mir selbst beweisen, dass der Laden ohne mich zusammenbrechen wird.

Na ja, den Zusammenbruch habe später dann ich selbst erlitten. Denn natürlich stellten sich bald die ersten Erschöpfungssymptome ein, die ich heute als den Beginn meiner „Burnout-Karriere" identifiziere. Damals habe ich das aber verdrängt. Schließlich konnte nicht sein, was nicht sein durfte.

Thorsten G. (37), Unternehmensberater

Vermehrtes Engagement für bestimmte Ziele

Ein häufiges Merkmal in der Anfangsphase eines Burnouts ist das vermehrte Engagement für bestimmte Ziele. Viele Burnout-Gefährdete

- sind aktiv, dynamisch, zupackend, ideenreich und engagiert,

- arbeiten nahezu pausenlos und verzichten auf Erholungsphasen,
- fühlen sich unentbehrlich.

Es entsteht das Gefühl, eigentlich nie mehr richtig Zeit zu haben, wodurch eigene Bedürfnisse verleugnet werden *(„Mal wieder zum Sport gehen? Keine Zeit!“).*

Der Beruf wird zum hauptsächlichen Lebensinhalt

Der Beruf wird zum hauptsächlichen Lebensinhalt, soziale Kontakte außerhalb des Arbeitsumfelds finden immer seltener statt. Häufig verdrängen Burnout-Kandidaten berufliche Misserfolge und Enttäuschungen, statt sie zu verarbeiten.

Solch unbedingte Hingabe an die Arbeit ist aber keinesfalls eine notwendige Voraussetzung für das Burnout-Syndrom. Es kann genauso gut den Verwaltungsbeamten mittlerer Laufbahn erwischen, der seine Arbeit als notwendiges Mittel zum Broterwerb ansieht und unter der ständigen Knute seines Vorgesetzten steht und leidet (wobei damit selbstverständlich nicht behauptet werden soll, dass Verwaltungsbeamte ihren Job nicht auch aus Passion betreiben können).

Die als negativ empfundenen Rahmenbedingungen der Berufstätigkeit dominieren alles andere

DAUERDRUCK MIT FOLGEN

Entscheidend ist oft ein permanenter Druck, der den Burnout-Prozess in Gang bringt. Sei es der Druck durch den Vorgesetzten oder der Druck, den der Einzelne auf sich selbst ausübt. Die ständige Alarmbereitschaft, die ständige Furcht vor unangenehmen Neuigkeiten, die ständige psychische Anspannung, der ständige Stress fordern einen höheren Energieeinsatz, als ihn unser Körper auf Dauer leisten kann. Die Überbeanspruchung hat denselben Effekt wie ein langsam wirkendes Gift.

Die ständige Überbeanspruchung hat denselben Effekt wie ein langsam wirkendes Gift

Die Geschichte von Max Boldt (siehe Kapitel 4.4) zeigt, dass in einer Burnout-Biografie durchaus beides vorkommen kann: Anfangs ist da die Begeisterung für den Job, die absolute Identifikation, später, unter veränderten strukturellen Bedingungen, geht Boldt mit einem lauen Gefühl im Magen zur Arbeit und in ständiger Erwartung neuer Schikanen durch seine Vorgesetzten.

Bereits in der Anfangsphase des Burnouts tauchen als Reaktion auf den überhöhten Energieeinsatz die ersten Erschöpfungssymptome auf. Schlafstörungen trotz chronischer Müdigkeit, Energiemangel, die Unfähigkeit, nach Feierabend abschalten zu können – das sind typische Warnsignale der Anfangsphase.

Massnahmen zum Gegensteuern

In dieser Phase ist der Rückweg aus der Burnout-Spirale noch relativ kurz. Betroffene sollten versuchen, ihre überzogenen Erwartungen an sich selbst zurückzuschrauben und aufhören, ihre eigenen Bedürfnisse zu verleugnen. Entspannungsmethoden wie autogenes Training oder Yoga können helfen, Druck abzubauen.

Die Erwartungen an sich zurückschrauben und die eigenen Bedürfnisse nicht verleugnen

2.1.2 Zweite Phase: Distanzierung und reduziertes Engagement

Ich hatte ja immer ein offenes Ohr für alle, war für jeden erreichbar und nahm mich aller Sorgen an, egal, ob sie von den Schülern, den Eltern oder aus dem Kollegium kamen. Und wer hörte mir zu? Niemand. Irgendwann kam der Punkt, an dem ich mich von allen Leuten ausgenutzt fühlte. Ich entwickelte eine Abneigung gegen alles, was mit Schule zu tun hatte, regelrechten Ekel.

Darunter litt natürlich auch meine Arbeit. Zum Beispiel hatte ich Klassenarbeiten früher nach spätestens einer Woche korrigiert zurückgegeben, mit ausführlichen Kommentaren zu jeder Arbeit. Jetzt stapelten sich die Hefte auf meinem Schreibtisch und ich konnte mich einfach nicht überwinden, sie auch nur aufzuschlagen. Wenn ein Schüler mit einem Problem ankam, hörte ich gar nicht mehr zu und schickte ihn mit einer lapidaren Bemerkung wieder weg.

Ich war genauso geworden wie die Kollegen, die ich mir immer als abschreckende Beispiele genommen hatte: unmotiviert, frustriert, zynisch.

Sarah M. (52), Lehrerin

Der Phase des Überengagements schließt sich in vielen Fällen ein allmählicher Rückzug an, im Berufs- wie im Privatleben. Wer zuvor in „Workaholic"-Manier geackert hat, nimmt sich nun deutlich zurück und fährt seine Leistungskraft stark herunter. Wer sich bisher auch „halbtot" noch zur Arbeit geschleppt hat, entdeckt nun die „blauen Montage" für sich.

Allmählicher Rückzug aus dem Berufs- und Privatleben

Es entwickelt sich eine regelrechte Abneigung gegenüber der Arbeit, den Kunden, den Kollegen. Gleichzeitig stellt sich das Gefühl ein, ungerecht behandelt und ausgenutzt zu werden *(„Ich habe mich hier jahrelang aufgeopfert und was ist eigentlich der Dank? Wer tut etwas für mich?")*. Dieses Gefühl muss nicht auf das Berufsleben beschränkt bleiben, die Familie kann ebenfalls mitgemeint sein.

Bereits in dieser Phase kann es auch zu deutlichen Verschlechterungen der Arbeitsqualität kommen: Im Gespräch mit dem Kunden wird nicht mehr richtig zugehört, Flüchtigkeitsfehler schleichen sich ein, immer öfter ersetzen Tagträumereien das konzentrierte Arbeiten.

„INNERE KÜNDIGUNG"

Von einem erfüllten, sinnhaften Arbeitsleben sind die Betroffenen nun meilenweit entfernt. Die Arbeit ist Gelderwerb, Punktum! Häufig wird dieser Zustand als „innere Kündigung" bezeichnet, ein Begriff, der enorme Konjunktur in unserer Arbeitswelt hat. Was wiederum zeigt, dass es sich nicht gerade um ein seltenes Phänomen handelt.

Was im Beruf schiefläuft, soll nun im Privaten kompensiert werden

Das „wahre" Leben muss nun am Feierabend, an Wochenenden, im Urlaub stattfinden. Der Sinn, die Befriedigung, die während der Arbeit fehlen, sollen im Privaten kompensiert werden. Das funktioniert natürlich in der Regel nicht, familiäre Probleme, zunehmende Streitigkeiten in der Partnerschaft häufen sich.

MASSNAHMEN ZUM GEGENSTEUERN

Zeit für eine Bestandsaufnahme

Es ist Zeit für eine Bestandsaufnahme: Was erwarte ich von meinem Leben? Wo stehe ich? Wo will ich hin? Betroffene dürfen die ehrliche Auseinandersetzung mit sich selbst nicht verdrängen. Wichtig ist, soziale Kontakte nicht zu vernachlässigen, sich Zeit zu nehmen für Freunde und Hobbys und zu versuchen, ab und an die eingefahrenen Gleise zu verlassen.

2.1.3 Dritte Phase: Emotionalisierung

Ich weiß selbst, dass ich sehr häufig unausstehlich bin. Ich habe überhaupt keine Geduld mehr, beim kleinsten Anlass raste ich inzwischen aus. Ich glaube, dass meine Frau momentan sehr unter mir leidet. Hinterher tun mir meine Aus-

> *brüche immer leid, aber mich dafür zu entschuldigen kriege ich irgendwie auch nicht hin. Ich schäme mich schon für mein Verhalten, aber das macht die ganze Situation eher noch schlimmer und mich noch wütender.*
>
> Michael C. (43), Krankenpfleger

Suche nach einem Verantwortlichen für die Misere

„Wer ist schuld an meiner Situation?“ Diese Frage stellt sich für Burnout-Erkrankte irgendwann – bewusst oder unbewusst – automatisch. Das Leben entwickelt sich immer weiter in eine falsche Richtung, die Unzufriedenheit wird größer – irgendwer muss doch dafür verantwortlich sein?

Natürlich gibt es keine einfache Antwort auf diese Frage. Meist sind es viele einzelne Faktoren, die als „Schuldige“ angesehen werden müssen. Das hindert den Ausbrennenden aber nicht daran, eine pauschale Antwort zu finden. Die lautet häufig: *„Ich. Ich selbst bin daran schuld.“* Lassen wir mal dahingestellt, wie groß der Wahrheitsgehalt dieser Antwort im Einzelfall sein mag – für den Gemütszustand des Ausbrennenden hat sie katastrophale Folgen.

Depressive Symptome, Schuldgefühle und ein Gefühl der Hilflosigkeit

Depressive Symptome sind bezeichnend für diese Phase. Die Betroffenen plagen sich neben den Schuldgefühlen mit dem Gefühl der Hilflosigkeit. Die Situation scheint aussichtslos, die Zukunft wird in den schwärzesten Farben gemalt. Bereits in dieser Phase kann es zu Suizidgedanken kommen.

Wer die Schuld nicht bei sich selbst sieht, sucht sie in seiner Umwelt: Der Chef hat das Beförderungsanliegen nicht genügend unterstützt, die Partnerin fordert zu viel, die Eltern haben zur falschen Berufswahl gezwungen.

Bereits in der Phase der Emotionalisierung sind Wesensänderungen auch für Dritte meist deutlich spürbar. Häufig sind Burnout-Erkrankte starken Stimmungsschwankungen unterworfen, sie sind leicht reizbar, neigen zu Wutausbrüchen und verlieren schnell die Geduld. Kollegen im Betrieb bekommen das zu spüren – stärker aber noch Freunde und die Familie, da hier die Hemmschwelle, sich gehen zu lassen, für gewöhnlich niedriger ist.

Massnahmen zum Gegensteuern

Inanspruchnahme externer Hilfe

Es wird Zeit, externe Hilfe in Anspruch zu nehmen. Betroffene können mithilfe eines Coaches (siehe Kapitel 7: „So hilft der

Karriere-Coach“) ihre Situation analysieren und gemeinsam Verbesserungen erreichen.

2.1.4 Vierte Phase: Abbau

Die Leistungsfähigkeit des Ausbrennenden reduziert sich deutlich

Was sich bereits in der zweiten Phase (Distanzierung und reduziertes Engagement) angedeutet hat, manifestiert sich nun: Die Leistungsfähigkeit des Ausbrennenden reduziert sich deutlich.

Flüchtigkeitsfehler und Ungenauigkeiten sind jetzt an der Tagesordnung und können auch vom beruflichen Umfeld kaum noch übersehen werden. Kreative Einfälle, innovative Problemlösungen, die den Burnout-Erkrankten vielleicht früher einmal ausgezeichnet haben, kommen nun praktisch nicht mehr vor. Konzentration, Gedächtnisleistung, Organisationsvermögen, Motivation – der Abbau findet in allen Bereichen statt.

Der Organismus schaltet auf „Notstrom“ um

Der lange „Raubbau am Körper“ zeigt nun deutliche Wirkung. Immer weiter wurden die Energiereserven strapaziert und ausgebeutet. Jetzt sind die Speicher leer und der Organismus schaltet auf „Notstrom“ um.

ARBEIT NACH „SCHEMA F“

Die Arbeit wird jetzt nur noch mit dem minimal nötigen Aufwand erledigt. „Dienst nach Vorschrift“ und Handeln nach „Schema F“ sind angesagt, Veränderungen in etablierten Arbeitsaufläufen werden nach Möglichkeit vermieden. Der Betroffene zieht sich immer weiter zurück und versucht möglichst nicht aufzufallen.

Ein Teufelskreislauf aus negativen Verstärkern setzt sich in Gang

Zwischen den Phasen des Abbaus und der Emotionalisierung besteht eine tückische Wechselwirkung: Je mehr ich merke, dass meine Leistung nachlässt, desto mehr schlägt das auf meine Gemütslage. Je schlechter meine emotionale Verfassung, desto schlechter meine Leistungskraft etc. ...

MASSNAHMEN ZUM GEGENSTEUERN

Die Energiereserven durch Sport wieder auftanken

Die Energiereserven müssen wieder aufgefüllt werden. Regelmäßiger Sport ist in dieser Situation ideal. Aber auch aktive Bewegung im Alltag ist sinnvoll: auf dem Weg zur Arbeit eine Station früher aussteigen und zu Fuß gehen, die Treppe benutzen und nicht den Aufzug, den Kollegen (soweit man sich dazu überwinden kann) direkt aufsuchen, statt zum Telefon zu greifen.

2.1.5 Fünfte Phase: Gleichgültigkeit und Rückzug

> *Der Horror war, wenn es an der Tür klingelte. Ich bin dann auf Zehenspitzen durch die Wohnung gelaufen, damit niemand bemerkte, dass ich zuhause bin. Aber natürlich war ich zuhause, ich verließ die Wohnung ja praktisch nicht mehr, nur wenn es gar nicht anders ging. Den Anrufbeantworter schaltete ich ab, das Telefon ließ ich klingeln, E-Mails beantwortete ich nicht. Ich habe mich völlig aus dem sozialen Leben ausgeklinkt.*
>
> Evelyn P. (32), Chemikerin

Rückzug in die soziale Isolation

In dieser Phase ist der Burnout-Prozess bereits so weit fortgeschritten, dass die Betroffenen kaum noch Emotionen spüren. Es ist ihnen ziemlich egal, was um sie herum geschieht. Die Ausbrennenden unternehmen nichts mehr und stoßen andere mit ihrer Gleichgültigkeit vor den Kopf. Im privaten Leben wird das Telefon nicht mehr abgehoben, E-Mails bleiben unbeantwortet, Einladungen werden ausgeschlagen.

In der Folge ziehen sich auch Freunde und Bekannte mehr und mehr zurück und bestätigen damit den ohnehin gehegten Verdacht: *„Ich wusste ja, dass ich mich auf niemanden verlassen kann."* Eine selbsterfüllende Prophezeiung. Die Betroffenen vereinsamen immer mehr.

Maßnahmen zum Gegensteuern

Professionelle ärztliche Unterstützung ist unabdingbar

Spätestens jetzt ist die Erkrankung mit „Selbstmedikation" nicht mehr in den Griff zu bekommen. War professionelle ärztliche Unterstützung schon in den ersten Phasen sinnvoll – hier ist sie notwendig (siehe Kap. 6: „So helfen Hausarzt und Psychologe").

2.1.6 Sechste Phase: Psychosomatische Reaktionen

Als Begleiterscheinungen bereits während der Anfangsphase eines Burnouts lassen sich viele verschiedene Symptome ausmachen, wobei Heftigkeit und Häufigkeit der Leiden mit zunehmender Dauer der Erkrankung steigt. Eine Auswahl:

PSYCHOSOMATISCHE ANZEICHEN EINES BURNOUTS

- größere Anfälligkeit für Infektionskrankheiten
- Pfeifen im Ohr
- Schlafprobleme
- Verdauungsprobleme
- Übelkeit
- Kopfschmerzen
- Rückenschmerzen
- Herzklopfen
- höherer Puls
- Herzrhythmusstörungen
- Atemprobleme
- Verspannungen
- nervöse Zuckungen
- Sehstörungen
- Schwindelattacken
- Magengeschwüre
- sexuelle Probleme
- Veränderungen im Essverhalten
- erhöhter Alkohol-/Drogenkonsum

MASSNAHMEN ZUM GEGENSTEUERN

Der Arzt kann nur die Symptome bekämpfen

Gegen die meisten psychosomatischen Symptome werden sich mit ärztlicher Hilfe – sei es der Hausarzt, der Internist oder der Orthopäde – Verbesserungen erreichen lassen (siehe Kap. 6: „So helfen Hausarzt und Psychologe“). Die Wurzel des Problems lässt sich auf diese Weise natürlich nicht bekämpfen.

2.1.7 Siebte Phase: Zusammenbruch

Der Ausgebrannte gibt sich auf

Am Ende des Burnout-Prozesses steht der totale Zusammenbruch. Der Ausgebrannte hat sich aufgegeben. Er ist in einem

Zustand absoluter Verzweiflung, aus dem er keinen Ausweg mehr sieht. Das Leben ist sinnlos geworden. Der Suizid erscheint als verlockende Lösung und mancher Erkrankte geht diesen Weg. Wer sich bereits in den Phasen zuvor in den Alkohol- oder Drogenrausch geflüchtet hat, kann nun endgültig in den Suchtstrudel geraten.

Akute Gefahr, einer Sucht zu erliegen

Maßnahmen zum Gegensteuern

Nur mit professioneller ärztlicher Hilfe können Betroffene aus ihrer verzweifelten Situation zurück ins Leben finden (siehe Kap. 6: „So helfen Hausarzt und Psychologe“).

2.2 Burnout-Indikatoren

Eine Möglichkeit der Selbsteinschätzung

Die nachfolgende Aufstellung dient möglichen Burnout-Kandidaten zur Selbsteinschätzung. Sie ist bewusst kein (!) Burnout-Test mit Punktevergabe und anschließender Einordnung in ein Auswertungsschema.

Die Komplexität der Burnout-Symptomatik ist nach unserer Auffassung nicht dazu geeignet, sie in ein vorgegebenes Raster zu pressen.

Das bedeutet nicht, dass wir entsprechenden Burnout-Selbsttests (von denen es ja mittlerweile viele gibt) generell die Legitimität absprechen wollen. Wir befürchten allerdings, dass Betroffene dazu neigen könnten, das Ergebnis (in welche Richtung dies auch immer gehen mag) zu verabsolutieren und als eine Art „Ersatzdiagnose“ ansehen könnten. Das aber wäre fatal.

Wer vermutet, dass er am Burnout-Syndrom erkrankt ist, kann anhand der folgenden Checkliste überprüfen, bei welchen Aussagen er Übereinstimmungen mit sich selbst feststellt.

Wer sich in keiner der Aussagen wiederfinden kann, der wird mit einer hohen Wahrscheinlichkeit nichts mit Burnout zu tun haben. Wer dagegen hinter jeder Aussage einen Haken macht, steckt mit hoher Wahrscheinlichkeit bereits tief in der Burnout-Falle.

Nur die Konsultation eines professionellen Burnout-Experten bietet letztendlich Sicherheit

Alle Ergebnisse dazwischen zeigen lediglich Tendenzen, Möglichkeiten auf, in welche Richtung der Burnout-Zeiger ausschlägt. Sicherheit erlangt nur, wer sich in die Hände eines professionellen Burnout-Experten begibt.

ERSTE PHASE: VOM ÜBERENGAGEMENT ZUR ERSCHÖPFUNG

- *„Ich lege deutlich mehr Engagement an den Tag als meine Kollegen."* ❑
- *„In meinen Aufgaben gehe ich vollkommen auf."* ❑
- *„Ein Tag ohne Überstunden kommt bei mir nicht vor."* ❑
- *„Ich habe das Gefühl, nie Zeit zu haben."* ❑
- *„Ich habe das Gefühl, unentbehrlich zu sein."* ❑
- *„Meine eigenen Bedürfnisse sind nicht so wichtig."* ❑
- *„Treffen mit Freunden und Bekannten haben bei mir Seltenheitswert."* ❑
- *„Es fällt mir schwer, nach Feierabend abzuschalten."* ❑
- *„Häufig bin ich müde und kaputt."* ❑
- *„An meine Fehlschläge und Misserfolge möchte ich nicht erinnert werden."* ❑

ZWEITE PHASE: DISTANZIERUNG UND REDUZIERTES ENGAGEMENT

- *„Ich habe die positive Einstellung gegenüber meiner Arbeit verloren."* ❑
- *„Bei Gesprächen mit Kunden bin ich häufig unaufmerksam."* ❑
- *„Mein Arbeitseifer hat merklich nachgelassen."* ❑
- *„Dass ich die Mittagspause überziehe, kommt öfter mal vor."* ❑
- *„Ich schaue ständig auf die Uhr und sehne den Feierabend herbei."* ❑
- *„Was mich bei der Arbeit am meisten interessiert, ist der Gehaltszettel."* ❑
- *„In der Familie / Partnerschaft gibt es öfter Streit als früher."* ❑

- *„Ich habe das Gefühl, von allen ausgenutzt zu werden.“* ❑
- *„Keiner erkennt meine Leistungen richtig an.“* ❑
- *„Bei der Arbeit ertappe ich mich öfter mal bei Tagträumereien.“* ❑

Burnout-Indikatoren der fortgeschrittenen Phase:

Dritte Phase: Emotionalisierung

- *„Ich plage mich häufig mit Schuldgefühlen.“* ❑
- *„Oft bin ich grundlos nervös.“* ❑
- *„Andere leiden unter meinen Launen.“* ❑
- *„Ich fühle mich schwach und leer.“* ❑
- *„Meine persönliche Toleranzschwelle ist schnell überschritten.“* ❑
- *„Ich fühle mich hilflos.“* ❑
- *„Es kommt vor, dass ich schnell die Geduld verliere.“* ❑
- *„Ich tue mich schwer, Kompromisse zu akzeptieren.“* ❑
- *„Meine Zukunft sehe ich ziemlich schwarz.“* ❑
- *„Ich habe schon daran gedacht, mich umzubringen.“* ❑

Vierte Phase: Abbau

- *„Ich habe immer größere Schwierigkeiten, mich zu konzentrieren.“* ❑
- *„Ich kann meine Arbeit nicht mehr richtig organisieren.“* ❑
- *„Ich mache nur noch das absolut Nötigste.“* ❑
- *„Neue Ideen, kreative Einfälle sind bei mir Fehlanzeige.“* ❑

- *„Meine Leistungsfähigkeit hat deutlich nachgelassen."* ❑
- *„Komplizierte Aufgaben kann ich kaum noch bewältigen."* ❑
- *„Immer öfter kommt es vor, dass ich Termine und Absprachen vergesse."* ❑
- *„Ich sträube mich gegen Veränderungen."* ❑
- *„Bei meiner Arbeit bin ich ziemlich schludrig geworden."* ❑
- *„Ich neige dazu, alles schwarz-weiß zu sehen."* ❑

FÜNFTE PHASE: GLEICHGÜLTIGKEIT UND RÜCKZUG

- *„Eigentlich habe ich zu nichts mehr Lust."* ❑
- *„Mir ist alles ziemlich egal."* ❑
- *„Hobbys, die ich früher mochte, habe ich aufgegeben."* ❑
- *„Wenn Freunde mich anrufen, gehe ich oft nicht ans Telefon."* ❑
- *„Meine Post lasse ich oft tagelang ungeöffnet liegen."* ❑
- *„Ich fühle mich einsam."* ❑
- *„Wenn Freunde etwas Schönes oder Trauriges erleben, lässt mich das kalt."* ❑
- *„Alles, was ich spüre, ist eine große innere Leere."* ❑
- *„Ich bin zynisch geworden."* ❑
- *„Getroffene Verabredungen sage ich meistens unter einem Vorwand wieder ab."* ❑

SECHSTE PHASE: PSYCHOSOMATISCHE REAKTIONEN

- *„Ich trinke deutlich mehr Alkohol als früher."* ❑
- *„Ich leide unter massiven Schlafstörungen."* ❑
- *„Ich habe öfter Verdauungsschwierigkeiten."* ❑

- *„Grippale Infekte oder sonstige Infektionen sind häufiger als früher."* ❑
- *„Ich habe ständig Kopfschmerzen."* ❑
- *„Ich habe sexuelle Probleme."* ❑
- *„Öfter bekomme ich nervöse Zuckungen."* ❑
- *„Ich habe oft ein Pfeifen im Ohr."* ❑
- *„Manchmal bekomme ich schwer Luft."* ❑
- *„An manchen Tagen ‚fresse' ich alles in mich hinein, an anderen Tagen esse ich fast nichts."* ❑

3 Burnout-Ursachen

Funktioniert das emotionale Entlohnungssystem?

Menschen wollen ihre Zeit sinnvoll nutzen. Und wenn sie in eine Sache Mühe und Einsatz investieren, möchten sie auch angemessen „entlohnt“ werden – und das bezieht sich nicht nur aufs Geldverdienen bei der Arbeit. Auch für unser privates Engagement erwarten wir letztlich eine „Bezahlung“, beispielsweise in Form von Anerkennung. Funktioniert dieses emotionale „Entlohnungssystem“, ist der Akteur zufrieden. Funktioniert es nicht, bleibt die „Bezahlung“ aus, ist er enttäuscht und unzufrieden.

Dieser einfache Grundgedanke steht im Zentrum der Ursachenforschung beim Burnout. Die Frage lautet stets:

Brachte der gezeigte Einsatz den erwünschten Erfolg?

Nun mag die Antwort auf diese Frage mal positiv und mal negativ ausfallen. Zählt man aber am Ende alles zusammen, betrachtet also sein ganzes Leben, so sollte das Gesamtergebnis positiv sein.

Bei Menschen, die in einem Burnout-Prozess stecken, liegt der Wert oft weit unter null. Weist also die Gesamtbilanz aus „Lohn“ minus „Einsatz“ einen Verlust auf, sind Frustration und emotionale Erschöpfung die Folge. Die eigenen Energiereserven werden allmählich aufgezehrt. Doch irgendwann sind auch die Reserven verbraucht und es ist nichts mehr da, wovon man zehren könnte.

Vereinfacht lässt sich die Ursache für Burnout auf die Formel „Einsatz ohne Erfolg“ bringen

Vereinfacht lässt sich die Ursache für Burnout auf die Formel „Einsatz ohne Erfolg“ bringen. Dabei sollte man die Begriffe „Einsatz“ und „Erfolg“ nicht allein auf die Berufswelt beziehen. Erfolge können in vielen Formen genauso im privaten Umfeld erzielt werden. Das gilt natürlich auch für Misserfolge und Enttäuschungen. Burnout ist kein reines Phänomen im Berufsleben, es bezieht sich auf alle Lebensbereiche.

Menschen sind kaum burnoutgefährdet, wenn

- sie für ihre Arbeit Anerkennung erhalten,
- sie merken, etwas deutlich besser zu können als andere,
- ihnen Aufmerksamkeit gewidmet wird,
- andere ihnen zuhören,
- sie ihre Probleme mit anderen besprechen können,

- sie mit anderen etwas gemeinsam erleben und daran Spaß und Freude empfinden können.

3.1 Typische Risiko-Persönlichkeiten

3.1.1 Perfektionismus

Der Perfektionismus gehört zusammen mit dem Erfolgsstreben und Konkurrenzdenken zu den gefährlichsten Stressverursachern. Doch was versteht man nun unter Perfektionismus? Das Grundmotiv für das Streben nach „absoluter Vollkommenheit“ ist Anerkennung.

Sehnsucht nach Anerkennung

Wobei man zwei unterschiedliche Typen von Perfektionisten unterscheiden kann, deren Suche nach Anerkennung unterschiedliche Wurzeln hat:

Der pedantische, ängstliche Zweifler

- Typ 1 ist der pedantische, ängstliche Zweifler, der immer befürchtet, etwas falsch zu machen. Er hat Angst davor, sich minderwertig zu fühlen, wenn andere Menschen seine Fehler erkennen würden.

Der Wettkämpfer, der immer oben auf dem Treppchen stehen muss

- Typ 2 versucht, durch nahezu übermenschliche und perfekte Leistungen seine Besonderheit darzustellen. Er hat keine Angst davor, dass er einmal einen Fehler machen könnte – er fürchtet sich nur davor, irgendwann nicht mehr der Erfolgreichste zu sein. Für diesen Typus ist das Leben ein ständiger Wettkampf, dessen Ziel es ist, immer ganz oben auf dem Treppchen zu stehen.

Häufig ist Perfektionismus eine Folge der Erziehung. Während die Eltern des Zweiflers ihrem Kind womöglich die Botschaft mitgegeben haben: *„Mach bloß keine Fehler!“*, lautete der Leitgedanke, den die Eltern des Wettkämpfers ihrem Sprössling vermittelten, vermutlich: *„Sei besser als die anderen!“*

Warum sind Perfektionisten besonders burnoutgefährdet?

Als Antwort auf diese Frage kann man zwei Gründe benennen:

Der Zweifler kompensiert sein geringes Selbstwertgefühl mit Leistung

1. Perfektionisten vom Typ 1 riskieren vor dem Hintergrund ihres geringen Selbstwertgefühls und der ängstlich-unsicheren Grundhaltung ständig, durch einen Fehlschlag in völlige Unzufriedenheit abzurutschen – was einen erheblichen emotionalen Stress bedeutet.

2. Jede Aufgabe, die Perfektionisten des Typs 2 bewältigen müssen, stellt sie permanent vor neue Herausforderungen: Sie wollen bei der Erledigung immer die Ersten sein – egal, wie wichtig diese Aufgabe tatsächlich ist. Deshalb ist jede Aufgabe eine Aufforderung an sie, ihr absolut Bestes zu geben – und das bedeutet zunächst einmal nichts anderes als primären Stress.

Der Mut, eigene Unzulänglichkeit auszuhalten, kann dem Burnout des Perfektionisten vorbeugen

Wenn Betroffene es schaffen, ihren Perfektionismus als übertriebene Jagd nach Anerkennung zu entlarven, dann kann es ihnen auch gelingen, unrealistische Ziele auszusortieren. Ein wichtiger Schritt, die Unzulänglichkeit auszuhalten. Das kann und sollte der Burnout-Betroffene mithilfe eines Therapeuten trainieren.

Natürlich darf man nicht jeden Hang zum Perfektionismus von vornherein als gefährlich einstufen. Denn herausragende Leistungen sind immer mit dem Streben nach Perfektion verbunden. Und eine perfektionistische Leidenschaft ist prinzipiell beherrschbar, wenn man weiß, wie. Dafür muss man sich aber der darin liegenden Gefahr erst einmal bewusst werden.

3.1.2 Helfer, „Nicht-Nein-sagen"-Könner und Idealisten

Neben dem Perfektionisten gibt es drei weitere Risiko-Persönlichkeiten:

Macht sich von den positiven Gefühlen seiner Umwelt abhängig

1. DER HELFER: Er bringt andere in eine Abhängigkeit, indem er sich unersetzlich macht. Er ist zunächst immer verfügbar, hat für jeden ein offenes Ohr. Dabei ist er oft sehr manipulativ. Diese Beeinflussung kommt meist als große Freundlichkeit daher, seine eigentlichen Motive hält er verborgen.

   Im Vordergrund der Therapie sollte deshalb die gründliche Analyse stehen: Wie viel von meinem Verhalten ist Manipulation? Welche eigenen Wünsche und Bedürfnisse vernachlässige ich? Wichtig für den Helfer ist die schmerzhafte Erkenntnis, dass er sein Selbstwertgefühl ausschließlich aus kalkulierter Empathie bezieht. Das ist die Falle, die ein Burnout-Syndrom begünstigen kann.

Versucht, es allen recht zu machen

2. DER „NICHT-NEIN-SAGEN"-KÖNNER: Um Nein sagen zu können, ist Stärke nötig. Ein erster Schritt ist es, sein Selbstbild zu ändern. Man kann lernen, sich gut zu fühlen, auch wenn man es nicht immer allen recht macht. Um dieses Ziel zu erreichen, muss der „Nicht-Nein-sagen"-Könner seine Bedürfnisse und Interessen kennen (lernen). Diese Menschen

sind oft sehr unsicher und leiden unter mangelndem Selbstbewusstsein.

Der Therapeut kann ihnen dabei helfen, das Nein-Sagen zuerst „im Kleinen“ zu trainieren. Entscheidend ist aufzuzeigen, dass das „Nein“ oft nicht die befürchteten schlimmen Konsequenzen hat, sondern – im Gegenteil – sogar persönlichen Nutzen bringen kann. Denn der „Nicht-Nein-sagen-Könner“ hat dann zum Beispiel weniger zu tun, mehr Freizeit und geht mal nicht als Letzter aus dem Büro.

3. Der Idealist: Idealisten lassen sich gern von Ideologien oder Träumen leiten, setzen sich sehr ferne Ziele. Visionen können eine gute Orientierung im Leben sein, aber sie können den Visionär auch daran hindern, den ersten kleinen Schritt zu tun, den Alltag zu meistern. Die hehren Ziele sollten von der Realität nicht völlig abgekoppelt sein.

   Dem Idealisten kann es helfen, die großen Aufgaben, die er sich gern setzt, in viele kleine zu zerlegen. So kann er die Detailarbeit besser bewältigen. Eine einfache Frage, die den Idealisten vor Überforderung schützt, lautet: *„Was heißt das für mich konkret heute?“*

Unerreichbare und zu hoch angesetzte Ziele belasten den Alltag

3.2 Überhöhter Einsatz

Hohes persönliches Engagement vor dem Hintergrund einer Bedrohung

Menschen, die in ihrem Leben ständig hohe Einsätze, ein hohes persönliches Engagement bringen, tun dies nicht unbedingt freiwillig. So kann beispielsweise Angst ein Treibmittel sein, die Angst vor negativen Konsequenzen, die drohen, falls dieses oder jenes unterlassen wird. Denkbare Bedrohungen können sein:

- Die Angst vor zu wenig oder einem völligen Verlust von Liebe und Zuneigung.
- Die Angst vor dem Verlust von Selbstbestimmung.
- Die Angst vor einem als peinlich empfundenen Versagen, davor, ein bestimmtes Ziel nicht zu erreichen.
- Die Angst davor, die eigene Unfähigkeit zu zeigen. Das betrifft besonders die Menschen, die anderen ihre „Omnipotenz“ vorführen wollen.
- Die Angst vor einem Verlust der Arbeitsposition.
- Die Angst, sich minderwertig zu fühlen. Viele Menschen mit einem hohen Burnout-Risiko besitzen einen immensen „Hunger nach Anerkennung“.

Menschen, die einen überhöhten Einsatz an den Tag legen, geht es nicht primär darum, durch ihre Arbeit ein erfülltes Leben zu führen. Vielmehr ist ihnen wichtig, durch das Erreichen hoher Ansprüche ihr geringes Selbstwertgefühl zu verbessern. Scheitert dieser Kompensationsversuch, ist ein Burnout nicht mehr weit.

3.3 Überbelastung

Überbelastung ist für viele kein punktuelles, sondern ein permanentes Problem

Zeitdruck und eine Überlastung durch zu viele Aufgaben, die auch noch alle gleichzeitig erledigt werden müssen, sind enorme Stressauslöser. Und sie sind in unserer Gesellschaft omnipräsent: Viele Menschen leben und arbeiten in einem permanenten Zustand des Gestresstseins, der Überbeanspruchung und der Überforderung.

3.4 Mangel an Autonomie

Fehlende Selbstbestimmung und spürbare Fremdbestimmung sind ein wesentliches Burnout-Risiko

Fehlende Selbstbestimmung und spürbare Fremdbestimmung stellen ein wesentliches Burnout-Risiko dar. Menschen haben ein gewisses Autonomiebestreben: Wer sein Leben selbst im Griff hat und es auch weitgehend kontrolliert, verfügt über Selbstvertrauen, Sicherheit und Zufriedenheit. Eingeschränkte Möglichkeiten der Selbstbestimmung können zu Enttäuschung und Selbstzweifel führen – eine Ursache von Burnout.

3.5 Mangelnde Anerkennung

Mangelnde Anerkennung und Belohnung spielen eine wichtige Rolle bei der Entstehung des Burnout-Syndroms. Gerät das Verhältnis zwischen Anforderung und Anerkennung dauerhaft aus dem Gleichgewicht, ist die Gefahr eines Burnouts groß.

Wer sich dauerhaft nicht anerkannt fühlt, ist anfällig für Burnout

Wir stellen – häufig unbewusst – bei allem, was wir tun, eine persönliche Kosten-Nutzen-Rechnung auf: Wir erwarten für unsere investierte Zeit, unser investiertes Vermögen, unsere investierte emotionale Kraft eine materielle oder immaterielle Bezahlung. Die muss nicht sofort erfolgen, sondern kann auch zu einem späteren Zeitpunkt nachgeholt werden. Unzufriedenheit und Enttäuschung entsteht dann, wenn „die Rechnung nicht bezahlt wird".

3.6 Monotonie

Monotone und wenig fordernde Arbeitsabläufe begünstigen Burnout

Stupides Wiederholen von bestimmten Arbeitsschritten, ohne eine nennenswerte Abwechslung, wird insbesondere von ehrgeizigen Menschen – die große Opfer in Kauf nahmen, um eine gute Qualifikation zu erringen – als sehr belastend, als enttäuschend erlebt. Sie wollen unbedingt ein vielseitiges Berufs- und auch Privatleben führen, ja, sie glauben ein Recht darauf zu haben, denn schließlich haben sie viel dafür investiert – doch ihre Erwartung bleibt unerfüllt. Die Realität sieht anders aus. Der Gedanke der mangelnden Anerkennung (und sei es die fehlende Anerkennung durch das Schicksal oder auch durch Gott) ist hier nicht weit hergeholt.

3.7 Arbeitsplatz

Burnout begünstigende Faktoren des Arbeitsplatzes

Der Ort der Arbeit darf bei der Betrachtung von Burnout-Ursachen nicht vernachlässigt werden. Am Arbeitsplatz gibt es nämlich einige besondere Burnout-Förderer. Als mögliche Auslöser psychischen Stresses gehören dazu:

- Termindruck
- Schichtarbeit
- schlechte Organisation
- Schüren von zu hohen Erwartungen
- fehlende Abgrenzung der Aufgaben und der Arbeitszeit
- fehlende Unterstützung
- Kommunikationsprobleme

Hinzu können weitere Auslöser kommen, die eher in den Bereich des physischen Stresses einzuordnen sind. Dazu zählen zum Beispiel:

- chronische Gesundheitsgefährdung durch Umweltgifte
- ein hoher Lärmpegel
- ein unergonomischer Arbeitsplatz

3.8 Persönlichkeitsmerkmale oder Umweltbedingungen?

In vielen Burnout-Ratgebern findet man eine Aufteilung der Ursachen in Umweltbedingungen und Persönlichkeitsmerkmale. Sind die Ursachen für Burnout weniger in der Persönlichkeit, sondern in der Umwelt zu suchen? Oder verhält es sich genau umgekehrt?

Ein Burnout erwächst sowohl aus persönlicher Disposition als auch aus Umweltbedingungen

Die Umwelt eines Menschen setzt sich aus Beruf, Familienleben, Bekanntenkreis und Freizeitbeschäftigungen zusammen. Sehr häufig werden Autonomieeinbußen oder nicht zufrieden stellende Arbeitsbedingungen als äußere Burnout-Einflüsse genannt. Aber auch fehlende Anerkennung und schwere Schicksalsschläge können „von außen" ein Burnout begünstigen.

Ist es nun so, dass Arbeitskräfte – und damit ihre Persönlichkeitsmerkmale – „schuld" sind an ihrer Unzufriedenheit und Erschöpfung? Oder liegt die Verantwortung dafür bei den Unternehmen – und damit den Umweltbedingungen? Wir sind der Meinung: sowohl als auch.

Einige Menschen lassen sich aufgrund ihrer Fähigkeiten, Erfahrungen, Werte und Lebenseinstellungen einer stark gefährdeten Gruppe zuordnen, andere scheinen wiederum nahezu resistent gegenüber Burnout zu sein.

EIN ERWACHSENER MENSCH BESTIMMT IDEALERWEISE SELBST

- welcher Umgebung er sich dauerhaft aussetzt,
- welchen Beruf er wo ausüben möchte,
- wie er sein Privatleben gestaltet,
- wie intensiv er wann welches Ziel verfolgt.

Es braucht für diese zum Teil sehr schwierigen Entscheidungen häufig viel Mut. Aber wer dazu in der Lage ist, sie autonom zu treffen, ist gegenüber der Burnout-Gefahr fast immun und wird sich von seiner Umwelt kaum „kaputtmachen" lassen.

Dennoch trifft ein Burnout nicht automatisch alle entscheidungsschwachen, (über)vorsichtigen Menschen. Auch Bedingungen, Herausforderungen wie zum Beispiel Schicksalsschläge, Unternehmensentscheidungen, mit denen wir im Laufe unseres Lebens konfrontiert werden, spielen eine wichtige Rolle.

Also: Persönlichkeitsmerkmale *oder* Umweltbedingungen? Die Antwort lautet: Persönlichkeitsmerkmale *und* Umweltbedingungen!

4 WAS KÖNNEN BETROFFENE FÜR SICH SELBST TUN?

Stress am Arbeitsplatz ist dann ungesund, wenn der Gestresste darauf nicht mehr entsprechend reagieren kann, wenn er keine Ventile findet, den aufgestauten Druck abzubauen. Versuche, zusätzlich Kraft aufzubringen, um die Situation doch noch in den Griff zu bekommen, erzeugen nur zusätzlichen Druck. Isolation, Gleichgültigkeit, emotionale Erschöpfung sowie zunehmende körperliche und psychosomatische Beschwerden sind typische Begleiterscheinungen dieser Entwicklung.

Wer kein Ventil findet, den permanenten Stress abzubauen, ist gefährdet

4.1 Verbesserungen am Arbeitsplatz anregen

Die folgenden Tipps und Ratschläge mögen banal klingen. Aber anscheinend sind sie es nicht angesichts der vielen Menschen, die in die Burnout-Falle geraten. Wir skizzieren einige Mittel und Methoden, dem Burnout aus dem Weg zu gehen oder rechtzeitig gegenzusteuern, wenn erste Anzeichen eines Burnouts erkennbar sind. Dabei richten wir unser Hauptaugenmerk auf den Arbeitsplatz, den wichtigsten „Infektionsherd“ für Burnout-Erkrankungen.

4.1.1 Offen kommunizieren

Nachdem Betroffene es geschafft haben, sich selbst einzugestehen, dass sie gestresst und überfordert sind, muss das Thema auch im Unternehmen angesprochen werden. Denn aktiver Gesundheitsschutz im Betrieb setzt auf die Mitwirkung der Beschäftigten und beginnt mit der Überwindung der „Sprachlosigkeit“. Betroffene sollten aber nur mit Vertrauenspersonen offen über psychische und physische Überlastung und ihre betrieblichen Ursachen sprechen.

Betroffene sollten über persönliche Probleme zunächst nur mit einer Vertrauensperson reden

DENN IN EINEM EVENTUELLEN SPÄTEREN KÜNDIGUNGSVERFAHREN KÖNNEN UNBEDACHTE AUSSAGEN GANZ SCHNELL WIEDER AUFS TAPET KOMMEN UND GEGEN DEN ARBEITNEHMER VERWENDET WERDEN.

Unabhängig von der eigenen Person sollten unzumutbare Belastungen und Erschwernisse am Arbeitsplatz angesprochen und nicht ohne Weiteres hingenommen werden.

4.1.2 Vertrauenspersonen einschalten

Die Interessenvertreter über allgemeine Probleme informieren

Betroffene sollten darauf drängen, dass die betrieblichen Interessenvertretungen (in der Regel der Betriebsrat) und alle Arbeitsschutzzuständigen das Thema Burnout auf ihre Arbeitsagenda setzen. Abgesehen von ihrer Pflicht, darüber zu wachen, dass Arbeitsschutzregelungen auch eingehalten werden, steht es auch in ihrer Macht, aktive Gesundheitsförderung einzufordern und Verbesserungen vorzuschlagen. Das setzt natürlich voraus, dass sie die Belastungen, Gesundheitsbeschwerden und Probleme am Arbeitsplatz kennen. Dazu sollten Betroffene beitragen, indem sie ihre Interessenvertretung über ihre Sorgen informieren.

4.1.3 Gesundheitszirkel und -teams anregen und sich engagieren

Verbesserungsvorschläge für belastende Arbeitsbedingungen entwickeln

Seit Jahren bieten Gesundheitszirkel für Beschäftigte die Möglichkeit, über gesundheitliche Probleme am Arbeitsplatz in aller Offenheit zu sprechen. Ein Gesundheitszirkel setzt sich meist zusammen aus Beschäftigten der betroffenen Abteilung, einem Betriebsratsmitglied, dem Betriebsarzt und einer Führungskraft. Unter Anleitung beziehungsweise Moderation erarbeitet die Gruppe gemeinsam realistische und praktikable Lösungen. Um langfristig etwas zu bewirken, müssen vor allem die belastenden Arbeitsbedingungen zur Sprache kommen und Verbesserungsvorschläge erarbeitet werden. Gibt es eine solche Einrichtung in ihrem Betrieb oder in ihrer Abteilung noch nicht, sollten Betroffene dies einfordern und gleichzeitig ihre Bereitschaft zur Mitwirkung signalisieren.

Im Prinzip müsste der Arbeitgeber über so viel Problembewusstsein und Engagement begeistert sein. Gibt es hingegen Widerstand von Seiten des Unternehmens, sollten sich die Beschäftigten nicht entmutigen lassen. Wenn sie gemeinsam gegen unzumutbare Arbeitsbedingungen vorgehen, kann der Arbeitgeber sich auf Dauer nicht dagegen sperren. Informationen über Ziele und Umsetzungsmöglichkeiten von Gesundheitszirkeln gibt es bei Gewerkschaften, Interessenvertretungen, Berufsgenossenschaften und Krankenkassen.

4.1.4 Stressmanagement trainieren

Dauerstress kann im Burnout enden. Um dieser Entwicklung entgegenzuwirken, sind Trainings in Stressmanagement hilfreich. In derartigen Seminaren – die vielfach auch vom Arbeitgeber angeboten werden – eröffnet sich die Möglichkeit, einen besseren Umgang mit Stress zu lernen und eigene Stress verstärkende Einstellungen und Verhaltensweisen zu überprüfen. Derartige Qualifizierungen können zudem ein Anstoß sein, offensiv und gezielt arbeitsorganisatorische und soziale Veränderungen einzufordern.

Den Umgang mit Stress lernen und Stress verstärkende Einstellungen und Verhaltensweisen überprüfen

Viele gestresste Menschen haben die richtige Balance zwischen Berufs- und Privatleben verloren. Eine Möglichkeit, das Gleichgewicht wiederherzustellen, sind so genannte Entschleunigungs-Workshops. Dort lernen Betroffene, mit dem Alltagsdruck besser umzugehen, zu mehr Gelassenheit und innerer Ruhe zu finden, mit den körpereigenen Ressourcen zu haushalten, Stress-Symptome zu bekämpfen, die „Batterien aufzuladen".

Viele Krankenkassen übernehmen für Stressbewältigungskurse einen Großteil der Kosten (siehe Kapitel 10: „So hilft die gesetzliche Krankenversicherung").

TYPISCHE INNERE STRESSQUELLEN IM ALLTAG ...

- Ungeduld *(„Kann der Typ vor mir nicht mal ein bisschen schneller fahren? Hallo?! Es ist grün!")*
- Angst *(„Hoffentlich blamiere ich mich bei der Präsentation nicht. Bestimmt verhaspele ich mich.")*
- Ärger über Banalitäten *(„Jetzt hat er doch schon wieder den Müll nicht heruntergebracht.")*
- Unzufriedenheit *(„Seit Jahren strample ich mich für dieses Unternehmen ab – und wofür? Für absolut keine Perspektive!")*
- Perfektionismus *(„Ist auch wirklich kein Rechtschreibfehler in der Mail? Besser ich gehe sie noch ein fünftes Mal durch.")*

... UND DIE GEGENMASSNAHMEN:

- Versuchen Sie auch mal „Fünfe gerade sein zu lassen". Hundertprozentige Fehlerfreiheit gibt es noch nicht mal bei Robotern.
- Üben Sie sich in Gelassenheit. Eine offen gelassene Zahnpastatube ist wirklich keine Katastrophe.
- Akzeptieren Sie das Unvermeidbare und arbeiten Sie an den Dingen, die Sie verändern können.

- Denken Sie positiv! Statt: *„Ich kann das sowieso nicht“*, sollte ihr Motto lauten: *„Das wird schon irgendwie klappen“*. Sagen Sie sich das gebetsmühlenartig vor!

4.1.5 Stressfaktor Zeit

Die Zeit, oder besser gesagt: der Mangel an Zeit, ist ein bedeutender Risikofaktor für Burnout. Wem „die Zeit davonrennt“, der befindet sich in einer solchen Situation praktisch immer im Stress.

Stress, der in vielen Fällen vermeidbar wäre, denn auf den Faktor Zeit selbst hat zwar kein Mensch Einfluss – auch bei größter Anstrengung wird es niemandem gelingen, die 24 Stunden eines Tages auf 26 auszudehnen. Aber er hat einen großen Einfluss darauf, wie er die Zeit nutzt. Das „Zauberwort“ lautet: Zeitmanagement.

Managen Sie Ihre Zeit

ZEITPLANUNG BRAUCHT ZEIT!

Wer ein erfolgreiches Zeitmanagement in sein (Arbeits-)Leben integrieren möchte, muss sich über eines im Klaren sein: Er wird in dieses Ziel Zeit investieren müssen. Das klingt paradox, denn schließlich ist der Zweck der Übung doch eher, Zeit zu „gewinnen“. Wer aber daraus folgert, für Zeitplanung habe er nicht genügend Zeit, denkt zu kurzfristig. Denn das Investment wird sich auszahlen. Und zwar mehrfach. Der erfolgreiche Zeitmanager wird

Zeitmanagement zahlt sich aus

- einen besseren Überblick über anstehende Aufgaben und Aktivitäten eines Tages oder einer Woche haben,
- weniger Stress ausgesetzt sein,
- mehr Freiraum für Kreativität gewinnen und seine Konzentration besser auf Wesentliches richten können,
- mehr freie Zeit für Familie, Freunde und Hobbys haben,
- seine Ziele schneller und systematischer erreichen.

Die ALPEN-Methode

Der Autor Lothar Seiwert hat fünf Faktoren definiert, an denen sich eine effektive Tagesplanung orientieren sollte, die so genannte ALPEN-Methode:

A ufgaben zusammenstellen – in einer einfachen To-do-Liste werden die Aufgaben für den kommenden Tag notiert.

L änge der Aktivitäten einschätzen – dabei wird ein möglichst realistischer und nicht zu knapp bemessener Zeitraum für die einzelnen Aktivitäten festgelegt.

P ufferzeiten einplanen – nur so bleibt Platz für Unvorhergesehenes.
E ntscheidungen treffen – Aufgaben auf den Tag verteilen und priorisieren: von A („wichtig und eilig") über B („wichtig, aber nicht so eilig") bis C („unwichtig und nicht so eilig").
N achkontrolle – ist die Planung insgesamt realistisch?

ZEITPUFFER EINBAUEN

Noch ein Wort zu den „Pufferzeiten": Zeitmanagement bedeutet vorauszuplanen, also vor dem Beginn einer neuen Aufgabe den Zeitaufwand, die Wichtigkeit und die Dringlichkeit dieser Aufgabe einzuschätzen. Da auch gute Zeitmanager für gewöhnlich nicht über hellseherische Fähigkeiten verfügen, können sie den tatsächlichen Zeitbedarf einer Aktivität natürlich nicht „stoppuhrgenau" angeben. Darüber hinaus können überraschende und unvorhersehbare Ereignisse (ein verspäteter Flug, ein Stau etc.) die beste Schätzung ad absurdum führen. Aus diesem Grund sollte in jedem Plan ein ausreichend großer Zeitpuffer vorhanden sein: Der gute Zeitmanager verplant nicht mehr als 60 Prozent seines Tages.

Nicht mehr als 60 Prozent des Tages verplanen

IMMER SCHRIFTLICH

Der schriftliche Zeitplan ist der Kompass durch den Arbeitstag. Er enthält eine Zeitschiene, eine Spalte für die Aufgabe, eine für die Wichtigkeit der Aufgabe (Priorität) und eine Spalte, in der die erledigten Aufgaben entsprechend markiert werden können.

Der gute Zeitmanager berücksichtigt bei der Aufgabenverteilung über den Tag auch die persönliche Leistungskurve. Er wird z.B. das delikate Telefongespräch mit dem wichtigsten Kunden, bei dem er hellwach sein muss, nicht auf die Zeit direkt nach dem Mittagessen legen, sondern wird den Termin so planen, dass er in Topform zum Hörer greifen kann.

Ein Beispiel für einen „Tagesplan" finden Sie auf der nächsten Seite. Es ist besonders wichtig, den Zeitplan tatsächlich schriftlich zu fixieren. Aus mehreren Gründen:

Schriftlichkeit verschafft Übersichtlichkeit und Verbindlichkeit

- Wer seinen Zeitplan nur im Kopf hat, vergisst leicht etwas Wichtiges und beschäftigt sein Gehirn mit einer unnötigen „Gedächtnisaufgabe".
- Wer etwas schwarz auf weiß vor sich liegen hat, kann es schwerer ignorieren. Das Hinauszögern unangenehmer Ar-

beiten mit angenehmeren „Ersatzaufgaben" funktioniert dann auch nicht mehr so leicht.

- Es ist durchaus motivierend, erledigte Aufgaben „abzuhaken".

Beispiel für einen Tagesplan

Zeit	Aufgabe	Priorität	erledigt?
08:00	E-Mails checken und beantworten		
08:30	Telefonat Dr. Drängler	A	
09:00	Bericht für Projekt Subito schreiben	A	
09:30	Bericht für Projekt Subito schreiben		
10:00	Bericht für Projekt Subito schreiben		
10:30	Bericht für Projekt Subito schreiben		
11:00	Vorbereitung Meeting Arbeitsgruppe Plötzlich	B	
11:30	Meeting Arbeitsgruppe Plötzlich	B	
12:00	E-Mails checken und beantworten, abteilungsinterne Abstimmungsrunde		
12:30	Mittagessen		
13:00	Presseschau lesen, Orgakram	B	
13:30	Statistische Auswertung für Projekt Plötzlich		
14:00	Statistische Auswertung für Projekt Plötzlich		
14:30	Statistische Auswertung für Projekt Plötzlich		
15:00	Telefonate, Terminabstimmung	C	
15:30	An Präsentation für Projekt Plötzlich arbeiten	B	
16:00	An Präsentation für Projekt Plötzlich arbeiten		
16:30	An Präsentation für Projekt Plötzlich arbeiten		
17:00	E-Mails checken und beantworten		
17:30	Schreibtisch aufräumen und Posteingang sortieren		
18:00	Arbeitsplan für morgen erstellen Feierabend!		

DIE 13 ENTSCHEIDENDEN FRAGEN, DIE EIN GUTER ZEITMANAGER MIT JA BEANTWORTET:

- Gibt es in Ihrem Arbeitsalltag feste Zeiten, die Sie für Arbeitsplanung und -vorbereitung reservieren?
- Planen Sie Spielraum für Unvorhersehbares ein?
- Sind die Punkte „Schreibtisch aufräumen“ und „E-Mails sortieren“ feste Bestandteile Ihres Arbeitsplans?
- Berücksichtigen Sie bei der Arbeitsplanung Ihre persönliche Leistungskurve?
- Legen Sie Aufgaben und Ziele schriftlich fest und notieren Sie, bis wann diese erledigt sein sollen?
- Versehen Sie Ihre Arbeitsaufträge mit Prioritäten und halten Sie sich an die Reihenfolge: Das Wichtigste erledige ich zuerst?
- Führen Sie einmal begonnene Vorgänge konsequent zu Ende, sodass sie erledigt sind?
- Checken Sie Ihre E-Mails nur zu vorher festgelegten Zeiten, zwei oder drei Mal am Tag? Ist die Hinweisfunktion auf neue Mails („Sie haben Post!“) deaktiviert?
- Fangen Sie morgens gleich mit der Arbeit an und vermeiden „Arbeitsverhinderungstaktiken“ wie das Checken privater E-Mails oder beliebter Websites?
- Sagen Sie auch mal Nein, wenn jemand Sie um etwas bittet, während Sie auf Wichtiges konzentriert sind?
- Delegieren Sie die Aufgaben, die delegierbar sind?
- Fragen Sie Ihren Gesprächspartner immer nach dem günstigsten Zeitpunkt und dem genauen Zeitraum, wenn Sie einen Rückruf vereinbaren?
- Und wenn Sie zurückgerufen werden sollen: Teilen Sie Ihrem Gesprächspartner mit, wann der günstigste Zeitpunkt ist?

4.1.6 Das eigene Arbeitsverhalten und das Arbeitspensum überprüfen

Muss ich wirklich alle Aufgaben zu hundert Prozent erledigen? Bin ich wirklich für alles verantwortlich, was in der Abteilung, in meinem Team passiert und gemacht werden muss? Ist das Arbeitspensum wirklich nicht während der Arbeitszeit zu schaffen? Warum muss ich tagtäglich mit dem Gefühl in den Feierabend gehen, dass der Berg auf dem Schreibtisch mal wieder höher geworden ist, statt zu schrumpfen?

Wer Arbeitsqualität, Arbeitsaufkommen und Delegationsverhalten hinterfragt, ist auf dem richtigen Weg

Wer sich diese Fragen stellt, seine Einstellung zur Arbeit und zur Arbeitsweise hinterfragt, ist schon auf dem richtigen Weg und kann sich auf die Suche nach den richtigen Antworten machen: Wichtigem mehr Beachtung schenken als Unwichtigem, Aufgaben ablehnen, die nicht zum eigentlichen Job gehören, Störfaktoren beseitigen.

Und auch eine (bessere) Zeitplanung kann helfen, das Gefühl zu reduzieren, den Arbeitsanforderungen nicht gewachsen zu sein. In Zeitmanagement-Seminaren lernen Betroffene, wie Stressfaktoren abgebaut werden können. Sie beschäftigen sich mit ihren „Zeitfressern", den Stärken und Schwächen des eigenen Arbeitsstils, der Organisation des eigenen Arbeitsbereiches oder der Art, Entscheidungen zu treffen.

Es sind aber nicht nur die schlechten Arbeitsbedingungen, die zum Burnout führen können. Entscheidend ist, wie der Einzelne mit diesen Bedingungen umgeht. Auch der persönliche Anspruch – an sich und seine Leistungen – ist ein Faktor. Dauerdruck, Unzufriedenheit, mangelnde Perspektiven, beruflich und privat, sind die perfekten Wegbereiter in den Burnout.

4.1.7 Selbsthilfe im Internet

Es ist fast paradox, dass ausgerechnet Computer und Internet inzwischen eine feste Größe darstellen, wenn es um Hilfe zur Selbsthilfe geht. Schließlich sind beide doch als die Beschleunigungsfaktoren unserer Arbeitswelt schlechthin zweifellos mitverantwortlich für wachsenden Druck und zunehmenden Stress im Job. Auf der anderen Seite bietet das Internet Burnout-Kandidaten und -Betroffenen eine bequeme und anonyme Möglichkeit, sich mit Leidensgefährten auszutauschen und von deren Erfahrungen und Ratschlägen zu profitieren. Die Zahl der Internet-Foren, die sich mit dem Thema Burnout beschäftigen, ist inzwischen immens groß.

Möglichkeit, sich mit Leidensgefährten auszutauschen und von deren Erfahrungen und Ratschlägen zu profitieren

VIELE VORTEILE ...

Natürlich ist der Besuch eines Forums kein adäquater Ersatz für den Besuch beim Arzt oder für eine notwendige Therapiemaßnahme. Dennoch bietet diese Form der Selbsthilfe viele Vorteile:

- Die Anonymität des Internets bietet Betroffenen die Chance, ihre Geschichte zu erzählen, ohne dass es ihnen vor anderen „peinlich" sein muss, dass sie nicht perfekt „funktionieren" – eine Hemmschwelle, die viele Menschen sonst daran hindert, sich durch das „Von-der-Seele-Reden" Erleichterung zu verschaffen. *Anonymität*
- Es ist für viele Betroffene tröstlich zu erkennen, dass sie mit ihren Problemen nicht allein auf der Welt sind. Die Vielzahl ähnlicher Schicksale erzeugt ein gewisses Zusammengehörigkeitsgefühl, das stark macht – auch wenn man mit seiner Schicksalsgemeinschaft lediglich via Datenleitung Bekanntschaft pflegt. *Zusammengehörigkeitsgefühl*
- Viele Ausbrennende machen sich erst durch den Besuch eines entsprechenden Forums überhaupt bewusst, dass sie womöglich an einem Burnout leiden. Die Foren sind voll von Beschreibungen solcher „Web-Weckrufe": Man liest die Schilderungen anderer Teilnehmer über Verhaltensweisen und körperliche Symptome und denkt: *Hallo, das bin ja ich!* *Problembewusstsein*
- Wem es an Anteilnahme anderer mangelt, wer jemanden braucht, der einem Mut macht oder einen einfach bedauert, der muss in einem Selbsthilfeforum nicht lange darauf warten. Sicherlich sind die prototypischen Forenkommentare wie *„Kopf hoch!"*, *„Ich weiß genau, wie du dich fühlst"*, *„Du packst das!"* keine besonders inhaltsschweren Beiträge, aber als Streicheleinheit für die Seele sind solche „virtuellen Umarmungen" nicht zu unterschätzen. *Anteilnahme*
- Das Forum ist auch ein Sammelbecken für Experten – denn in gewisser Hinsicht sind Burnout-Betroffene genau dies: Experten in Sachen Burnout. Sie wissen, was sie in die Lage gebracht hat, in der sie stecken. Sie wissen, welche Warnzeichen sie übersehen haben. Sie wissen, was oder wer ihnen geholfen hat und was nicht. Von diesem Expertenwissen können andere User profitieren, auch wenn natürlich die individuellen Erlebnisse des einen nicht eins zu eins auf den anderen übertragen werden können. *Kennenlernen von Burnout-Experten*
- Das Niederschreiben der eigenen Geschichte dient der Selbstreflexion, es hilft, diffuse Gedanken zu strukturieren und das eigene Verhalten klarer zu analysieren. *Anstoß zur Selbstreflexion*

... ABER AUCH EINIGE RISIKEN

Ein Forum ersetzt weder den Arzt, noch kann es Familienersatz sein

Es gibt auch Gefahren. Eine dieser Gefahren liegt darin, die Bedeutung und das Hilfepotenzial von Foren zu überschätzen. Ein Forum ist kein Arzt. Bei – sicherlich gut gemeinten – medizinischen Ratschlägen und diagnostischen Weissagungen vom ambitionierten Laien ist Vorsicht angesagt.

Und ein Forum ist auch kein Familienersatz. Wer sich das einredet, wer zu viel erwartet, kann nur enttäuscht werden und steht am Ende womöglich noch frustrierter da als vorher. Mit der Gewissheit: Mir kann wirklich keiner helfen.

ES GIBT WEITERE RISIKEN:

Nicht zu viel von sich preisgeben

- Die Anonymität des Internets kann dazu verführen, Dinge von sich preiszugeben, die man im Nachhinein besser verschwiegen hätte. Wer in seinen Beiträgen zu viele Details seines Lebens verrät, läuft Gefahr, von anderen erkannt zu werden. Wenn dann der missliebige Kollege oder die Ex-Freundin des Partners beim Surfen zufällig auf die „delikaten" Seiten stößt, kann das üble Konsequenzen nach sich ziehen.

Suchtgefahr

- Wie bei der Internetnutzung insgesamt besteht auch bei der aktiven Beteiligung an Foren ein gewisses Sucht- und Abhängigkeitsrisiko. Wer jede freie Minute dazu nutzt, Forenbeiträge zu lesen oder zu verfassen, versucht, den Teufel mit dem Beelzebub zu vertreiben.
- Wie im wahren Leben bestehen auch Forenwelten nicht nur aus freundlichen, gut gelaunten und verständnisvollen Menschen, die auf nichts anderes aus sind, als Harmonie zwischen den Menschen herzustellen. Vor allem, wenn der Administrator die Zügel schleifen lässt und auch bei beleidigenden Äußerungen oder gezielten Provokationen nicht eingreift, kann es zu unangenehmen Konflikten und verbalen Scharmützeln zwischen einzelnen Usern kommen, die einem ganz gewiss nicht dienlich sind: dem Stressabbau.

Gefahr widersprüchlicher und ungereimter Informationen

- Je mehr Nutzer sich in einem Forum tummeln, desto größer das Meinungsspektrum. Und desto größer auch das Risiko, dass sich beim Rat suchenden User Konfusion statt Klarheit einstellt.

Letztlich aber gilt: Die Beteiligung an einem Selbsthilfe-Forum kann für die Betroffenen eine wichtige Unterstützung sein, um den Weg aus der Burnout-Falle zu finden. Das Forum kann Anregungen geben, motivieren, Perspektiven aufzeigen. Es kann als begleitende Maßnahme sehr hilfreich sein.

Empfehlenswerte Internetforen

Zwar ist es angesichts der Schnelllebigkeit des Internets problematisch, bestimmte Websites zu empfehlen. Foren werden eröffnet und Foren werden geschlossen. Dennoch wollen wir einige hervorhebenswerte Burnout-Foren vorstellen, die nach dem heutigen Stand (Juli 2008) einen großen Nutzwert für Interessierte bieten. Sollte der eine oder andere Link nicht mehr funktionieren, bitten wir dafür um Verständnis.

EMPFEHLENSWERTE INTERNETFOREN ZUM BURNOUT-SYNDROM:

- http://burnout-infos.foren-city.de/
  Seit April 2006 gibt es dieses Forum. Es ist besonders stark frequentiert – und das aus gutem Grund. Der Betreiber, selbst ein Burnout-Betroffener, bietet zahlreiche Informationen, Tipps und Hilfestellungen rund um den Themenkomplex Burnout und psychische Störungen an, die über das Angebot der meisten anderen Websites hinausgehen. Dazu zählen unter anderem Informationen und Erfahrungsberichte über
  - Ratgeber und Entspannungs-CDs,
  - Therapien und Medikamente,
  - Entspannungsmethoden und Ernährungsgewohnheiten,
  - Kliniken, Rehabilitationsmaßnahmen und Kuren,
  - Krankenkassen und Behörden.

  Der Betreiber legt offensichtlich großen Wert darauf, eine Hilfe für wirklich Betroffene zu bieten und keine Plattform für „Voyeure“, die sich an den Schicksalen fremder Menschen „aufgeilen“ wollen. Aus diesem Grunde müssen sich die User nicht nur zum Schreiben, sondern bereits zum Lesen von Beiträgen registrieren. Ein besonders geschützter Bereich dient dazu, auch vertraulichere Informationen auszutauschen.

- http://www.psychotherapiepraxis.at/pt-forum/
  Das von einem Wiener Psychotherapeuten ins Leben gerufene und unter anderem auch von ihm betreute Forum erfreut sich ebenfalls großer Beliebtheit. Weit mehr als

400.000 Beiträge innerhalb von sechs Jahren sind eine Menge. Das Themenspektrum ist breit und nicht ausschließlich auf Burnout ausgerichtet:
- Depressionen und Stimmungsschwankungen
- Ängste und Phobien
- Psychosomatische Beschwerden
- Essstörungen
- Psychosen und Persönlichkeitsstörungen
- Kontaktschwierigkeiten, soziale Ängste, Partnersuche
- Gewalt, Aggression, Missbrauch
- Sexualität, Liebeskummer, Beziehungskrisen, Trennungen
- Krankheit, Tod und Trauer
- Sucht, Abhängigkeit

Die Benutzung des Forums ist nur bedingt kostenfrei. Wer es ohne Einschränkungen nutzen möchte, muss sich an den Kosten für das Betreiben des Forums beteiligen – mit einer Spende an den Administrator.

- http://www.psychiatriegespraech.de/
  Bei dem Betreiber dieses Forums, das seit August 2002 online ist, handelt es sich um einen Facharzt für Psychiatrie und Psychotherapie. In zwei offenen Forenbereichen werden alle Aspekte rund um Fragen der Psychiatrie und Psychotherapie behandelt:
  - Erfahrungsberichte
  - Therapieverfahren
  - Wiedereingliederung
  - Psychopharmaka und Psychopharmakotherapie
  - Psychiatrie und Naturheilkunde
  - Nebenwirkungen und unerwünschte Wirkungen
  - Diagnostik
  - Gesundheitspolitik und Ethik
  - Forensik
  - Psychiatrie und Migration
  - Störungsbilder nach ICD-10

  Begleitet wird das Forum von einem sehr umfangreichen Informationsteil über psychische Krankheiten, Medikamente, Literaturtipps und mehr. Auch ein Chatroom steht zur Verfügung, in dem sich Forenteilnehmer bei Bedarf noch intensiver austauschen können.

4.2 Anti-Burnout-Wegweiser: In zehn Schritten zurück ins Leben

Eine Politik der kleinen Schritte ist angebracht

Um einen Weg aus der Burnout-Spirale zu finden, ist es notwendig, eine „Politik der kleinen Schritte“ anzuwenden. Burnout ist ein schleichender, allmählicher Prozess, und auch der Rückweg braucht seine Zeit. Mit einem großen Sprung, einem einzigen Kraftakt heraus aus der Misere – das ist eine verlockende Vorstellung, mit dem kleinen Haken, dass sie nicht realistisch ist.

Überforderung hat einen wesentlichen Beitrag zur Situation geleistet, und jetzt sollen die Probleme durch Überforderung gelöst werden? Nein, Betroffene sollten Meilenstein für Meilenstein ins Visier nehmen, um am Ende das große Ziel zu erreichen: lustvoller und entspannter leben zu können. Die folgenden zehn Schritte sollen dabei helfen, diesen Weg zu gehen.

Klar ist, dass der Weg umso mühsamer wird, je weiter man in der Burnout-Spirale vorgedrungen ist. Und natürlich ist eine Grundvoraussetzung für den Erfolg, dass die Betroffenen wirklich bereit dazu sind, etwas an ihrem Leben verändern zu wollen.

Erster Schritt: Nehmen Sie Warnsignale ernst!

Der prototypische Burnout-Kandidat ist ständig müde und erschöpft, leidet aber unter Schlaflosigkeit. Er hat ständig Kopfschmerzen und zu nichts Lust. Er ist oft gereizt und ständig im Stress. Er ist der Ansicht, da könne man nichts machen, so sei das eben, wenn man viel arbeitet. Und er steuert auf dem direkten Weg den Burnout an.

Es rächt sich, die Warnsignale des Körpers permanent zu verdrängen

Wer die Alarmzeichen seines Körpers ignoriert, sein Arbeitspensum vielleicht sogar noch steigert, riskiert seine Gesundheit. Dabei spüren Betroffene häufig, dass „irgendetwas mit mir nicht stimmt“. Sie sollten auf diese Signale hören und die Botschaft akzeptieren: Hier geschieht etwas mit mir, das nicht geschehen sollte!

Zweiter Schritt: Machen Sie eine Bestandsaufnahme!

Wenn Sie akzeptiert haben, dass sich da etwas in Ihrem Leben in eine falsche Richtung entwickelt, ist es Zeit für die Analyse. Erstellen Sie eine Liste, auf der Sie folgende Fragen beantworten:

FRAGEN, DIE ZU BEGINN ZU KLÄREN SIND:

- Wie sieht meine aktuelle Situation aus?
- Mit welchen beruflichen und privaten Belastungen habe ich zu kämpfen?
- Welche Bedingungen sind dafür ausschlaggebend?
- Wann bin ich besonders gestresst?
- Was will ich vom Leben?
- Welche Ziele verfolge ich beruflich?
- Welche Bedürfnisse bleiben unerfüllt?

Ihre Antworten schriftlich zu fixieren, stabilisiert Sie bei Ihrem Vorhaben

Häufig haben wir schon eine diffuse Vorstellung von den Antworten auf diese Fragen. Dennoch ist es hilfreich, sie klar zu fassen und schwarz auf weiß vor sich liegen zu haben. Dann ist es auch schwieriger, sich den Problemen durch „Flucht" zu entziehen.

Ditter Schritt: Finden Sie Störfaktoren!

Protokollieren Sie Ihren Tagesablauf

Führen Sie einen oder nötigenfalls auch mehrere Tage lang Protokoll, um herauszufinden, wo während des Arbeitstages Störquellen liegen, die Ihnen im Job die Zeit rauben. Überlegen Sie, welche dieser Zeiträuber Sie ohne Schwierigkeiten beseitigen können – und beseitigen Sie sie!

Vierter Schritt: Denken Sie an sich!

Irgendwo, ganz am Rande Ihres Bewusstseins, spüren Sie so ein Bedürfnis, dass Sie nach Feierabend zuhause auch gern mal ein wenig die Füße hochlegen und entspannen würden. Aber wer erledigt dann die Arbeit, die während des Tages liegen geblieben ist? Also doch: Schreibtisch statt Sofa oder Joggen im Park.

Ziehen Sie bewusst Erholungsphasen ein

Doch Vorsicht. Sie tun nicht nur sich keinen Gefallen damit, Ihre Arbeit auf den Feierabend auszudehnen. Ein Engagement über den Arbeitstag hinaus belastet auf Dauer Ihre Arbeitskraft, Ihre Motivation, Ihre Kreativität. Und ein Privatleben lässt sich so auch nicht befriedigend führen.

Auch wenn sich in der heutigen Arbeitswelt kaum noch jemand dem gestiegenen Arbeits- und Zeitdruck entziehen kann: Sie sind nicht Ihre Firma! Versuchen Sie, Ihr Überengagement auf ein Maß herunterzuschrauben, das Ihnen guttut. Nur so kann man ein gesundes Gleichgewicht zwischen Arbeit und Entspannung erreichen.

Fünfter Schritt: Versuchen Sie nicht, perfekt zu sein!

Denn Sie sind es nicht! Wenn Sie alles perfekt machen wollen, jede einzelne unwichtige Arbeit mit hundertprozentigem Einsatz und hundertprozentiger Sorgfalt erledigen wollen, sind Zeitdruck und Stress vorprogrammiert. Konzentrieren Sie Ihren Perfektionismus auf die wirklich wichtigen Aufgaben! Dabei ist es wichtig, dass Sie sich Ihr Streben nach Vollkommenheit bewusst machen und dagegen ansteuern. Lernen Sie, mit der Unvollkommenheit zu leben und üben Sie, wann immer es sich anbietet, „Fünfe gerade sein zu lassen".

Seien Sie nur in den wirklich wichtigen Dingen perfektionistisch

Sechster Schritt: Sagen Sie Nein!

„Jede Gefälligkeit rächt sich" – es ist ja nicht so, dass Sie diese Redewendung zur absoluten Maxime Ihres Handelns erheben sollen. Andererseits sollten Sie diesen Spruch, wann immer Sie um einen „Freundschaftsdienst" gebeten werden, im Hinterkopf haben. Jede Gefälligkeit könnte sich rächen! Wer anderen keine Grenzen setzt, wird über kurz oder lang an seiner eigenen ankommen. Nicht alle Arbeiten müssen sofort oder von Ihnen selbst erledigt, nicht alle Wünsche anderer umgehend erfüllt werden.

Wenn Sie anderen keine Grenzen setzen, werden Sie Ihre eigenen schnell überschreiten

Wenn Sie keine Zeit für einen „kollegialen Freundschaftsdienst" haben, dann sagen Sie es. Sagen Sie es freundlich und mit Bedauern, aber sagen Sie es! Das bedeutet nicht, dass Sie egoistisch oder unkollegial sind. Vielen Menschen fällt es schwer, Nein zu sagen, weil sie befürchten, dass der andere sie dann weniger mag oder schlecht von ihnen denkt. Doch die Furcht vor negativen Reaktionen ist in den meisten Fällen völlig unbegründet. Ihr Kollege wird Sie nicht in Bausch und Bogen verdammen, wenn Sie ihm erklären, warum Sie ihm nicht helfen können. Und falls doch: Halten Sie es aus! Man muss nicht von jedem geliebt werden.

Siebter Schritt: Dämpfen Sie überhöhte Erwartungen!

Der Bau von Luftschlössern kann ja zuweilen ganz erbaulich sein – solang dem Architekten stets klar ist, welches Baumaterial er verwendet: Luft. Ist die Kluft zwischen Wunsch und Wirk-

Nur realistische Ziele können erreicht werden

lichkeit zu groß, kommt es irgendwann zum Frust. Wenn Sie es schaffen, Ihre Erwartungen und Wünsche auf ein realistisches Maß zurückzuschrauben, entlasten Sie sich selbst und schaffen sich Freiräume. Versuchen Sie, sich Wünsche zu erfüllen, die auch tatsächlich erfüllbar sind! Setzen Sie sich realistische Ziele!

Achter Schritt: Ziehen Sie sich nicht zurück!

Ein Rückzug in die soziale Isolation verstärkt Ihr Problem weiter

Wer in der Burnout-Falle steckt, neigt dazu, sich von Kollegen und Freunden zurückzuziehen, soziale Kontakte zu reduzieren oder gar „auf null zu fahren". Das ist sehr gefährlich, denn dieses Verhalten kann die Krise noch verstärken. Umgang mit anderen Menschen zu pflegen ist wichtig, denn der andere Blickwinkel kann dabei helfen, Situationen zu relativieren und ins rechte Licht zu rücken.

Sicher, das ist leichter gesagt als getan, wenn man zu gar nichts Lust hat und Menschen allenfalls ertragen kann, wenn man sie in der „Glotze" sieht. Aber je eher Sie hiergegen ansteuern, und Ihre „Vogel-Strauß-Politik" bewusst bekämpfen, desto leichter werden Sie wieder ins soziale Leben zurückfinden.

Neunter Schritt: Lenken Sie sich ab! Entspannen Sie! Genießen Sie!

Versuchen Sie, brachliegende persönliche Interessen wieder zu beleben

Burnout-Gefährdete müssen ihre Arbeitswut gezielt durchbrechen, sich zu Ruhe und Freizeit „überreden". Versuchen Sie, brachliegende persönliche Interessen wieder zu beleben! Und ganz wichtig: Alle Ablenkungen der Ablenkung – Stichwort Fernseher – ausblenden!

Zehnter Schritt: Nehmen Sie Hilfe an!

Scheuen Sie sich nicht, professionelle Hilfe in Anspruch zu nehmen

Spätestens wer sich bereits in einem fortgeschrittenen Stadium des Burnouts befindet, muss reagieren und professionelle Hilfe suchen. Denn hier gibt es vielfältige Möglichkeiten. Eine erste Anlaufstation kann der Hausarzt sein (siehe Kapitel 6: „So helfen Hausarzt und Psychologe"). Aber auch der Karriere-Coach ist in vielen Situationen ein geeigneter Helfer (siehe Kapitel 7: „So hilft der Karriere-Coach"). Wichtig ist, dass Betroffene sich klarmachen, dass es sich nicht um ein persönliches Verschulden handelt und dass es nichts gibt, weswegen sie sich schämen müssten.

4.3 Zehn Anti-Burnout-Tipps zur sofortigen Anwendung

Zehn Tipps, die Sie in Ihrem Vorhaben stabilisieren

Aller Anfang ist bekanntlich schwer, und wenn gute Vorsätze nicht bald in die Tat umgesetzt werden, läuft man Gefahr, dass sie im Alltag untergehen. Deshalb haben wir hier zehn leicht umzusetzende Tipps zusammengestellt, die Sie bei Ihrem Vorhaben, Ihr Burnout zu bewältigen, stabilisieren und unterstützen können. Setzen Sie diese Tipps bewusst um, kann eine Veränderung zum Besseren relativ schnell eintreten, was Ihre Bemühungen positiv verstärken wird.

SETZEN SIE MÖGLICHST BALD FOLGENDE TIPPS UM:

Erster Tipp: Achten Sie auf genügend Schlaf,

denn ein ausgeruhter Körper und Geist können Belastungen besser verarbeiten. Leiden Sie unter Schlafstörungen, richten Sie sich bestimmte Schlafrituale ein: Gehen Sie jeden Tag etwa zur selben Zeit ins Bett und stellen Sie sich den Wecker immer auf dieselbe Zeit. Verbannen Sie den Fernseher aus Ihrem Schlafzimmer und schalten Sie sonstige Störquellen ab. Auch regelmäßiger Alkoholgenuss kann langfristig den Schlaf stören. Verzichten Sie eine Zeit lang, zum Beispiel sechs Wochen, völlig auf Alkohol und beobachten Sie, ob anschließend eine Besserung eintritt.

Zweiter Tipp: Erst den Schreibtisch aufräumen, dann den Kopf!

Das klingt simpel, ist aber wirkungsvoll: Planen Sie Ihren Arbeitstag: Richten Sie beispielsweise feste Zeiten für das Lesen und Bearbeiten von E-Mails ein, sorgen Sie dafür, dass Sie genügend Zeit für konzentriertes Arbeiten haben und dass Sie in dieser Zeit nicht gestört werden. Ein halber Tag sollte deshalb möglichst frei von Terminen bleiben.

Dritter Tipp: Machen Sie bewusst Pause!

Schalten Sie Ihr Handy aus, rufen Sie keine E-Mails ab, legen Sie sich keine Strategie für Ihr nächstes Meeting zurecht. Ein kurzes Innehalten erfrischt und regeneriert, hilft dabei Druck abzubauen.

Vierter Tipp: Unterscheiden Sie Wichtiges von Unwichtigem,

und lernen Sie, sofern möglich, Aufgaben zu delegieren. Sie müssen sich am Anfang ganz genau bei der Arbeit „beobachten". Überlegen Sie bei jedem Arbeitsschritt: Ist das, was ich gerade tue, sinnvoll und tue ich es zum geeigneten Zeitpunkt?

Fünfter Tipp: Sagen Sie deutlich Ihre Meinung!

Machen Sie klar, was Sie möchten und was nicht! Dazu müssen Sie natürlich zunächst einmal selber wissen, was Sie wollen. Klingt selbstverständlich. Ist es aber nicht.

Sechster Tipp: Reservieren Sie zwei bis drei feste Abende pro Woche,

die Sie Ihrem Partner oder Ihren Freunden widmen. Die Arbeit ist in dieser Zeit tabu!

Siebter Tipp: Nehmen Sie sich die Zeit für Entspannung und Ausgleich!

Spaziergänge, Musikhören, Meditation, Sport, autogenes Training – probieren Sie aus, mit welchen Methoden Sie am besten relaxen können.

Achter Tipp: Ernähren Sie sich gesund!

Essen Sie viel Obst und Gemüse, wenig Fleisch. Trinken Sie Kaffee und Alkohol nur in Maßen und lassen Sie von Zigaretten am besten ganz die Finger. Sie müssen nicht wie ein Asket leben, die eine oder andere Sünde dürfen Sie sich ruhig gönnen. Dennoch sollten Sie versuchen, Ihre Ernährungsgewohnheiten eher auf Brokkoli auszurichten als auf Bauchspeck.

Neunter Tipp: Machen Sie sich Ihre Erfolge bewusst!

Häufig bekommen wir für unsere Arbeit überhaupt kein Feedback. Und falls doch: Offenbar ist es viel naheliegender, Kritik zu äußern, als ein Lob auszusprechen. Loben Sie sich selbst! Dokumentieren Sie für sich die Erfolge eines Tages, auch wenn es „Kleinigkeiten“ sein mögen. Ein Telefonat, bei dem Sie jemandem weiterhelfen konnten, eine Besprechung, bei der Sie Ihre Ideen einbringen konnten, eine Aufgabe, die Sie besonders effektiv gelöst haben – all dies können Sie zu Ihrer Erfolgsbilanz zählen.

Zehnter Tipp: Probieren Sie Neues!

Sie waren noch nie in der Oper? Sie haben noch nie eine Leinwand bemalt? Sie waren noch nie Segeln? Sie haben noch nie einen Tontopf getöpfert? Dann machen Sie es! Brechen Sie aus Ihrem Alltagstrott aus und feiern Sie jede Woche eine Premiere in Ihrem Leben. Lassen Sie Ihre Fantasie schweifen, auch verrückte Ideen sind erlaubt.

4.4 Praxisberichte: Zwei, die den Weg aus dem Burnout geschafft haben

Wer bereits tief in der Burnout-Spirale steckt, kommt nur noch durch professionelle Hilfe aus der Misere. Im Folgenden zwei „Burnout-Lebensläufe“ (Namen wurden geändert), wie sie nicht unterschiedlicher sein könnten.

Wie hilfreich es sein kann, wenn man von Anfang an erfahrene Ärzte hat, zeigt die Geschichte von Max Boldt. Wie verheerend es stattdessen sein kann, wenn man eine Odyssee von Praxis zu Praxis unternehmen muss, ehe man nach einer langen Zeit des Leidens endlich an den richtigen Arzt geraten ist, das hat Lena Freitag erfahren.

„Wer ausgebrannt ist, muss mal gebrannt haben.“

Vor 25 Jahren fängt Max Boldt in seinem Betrieb als Systemmanager an. Er liebt seinen Beruf und ist entsprechend stark engagiert. Die Führungsqualitäten seiner Vorgesetzten sind gut, seine Kollegen sehr nett.

Da keine Hierarchie existiert, arbeitet Boldt eigenverantwortlich. Und zwar so gut, dass er regelmäßig von seinen Vorgesetzten gelobt wird.

Vor ungefähr zehn Jahren treten erstmals Probleme auf. Durch eine Umstrukturierung im Unternehmen geht seine Abteilung in einer anderen auf. Arbeiteten vorher beide Abteilungen auf Augenhöhe, ist seine Abteilung nun der anderen unterstellt – eine spürbare zusätzliche Hierarchieebene. Die Stimmung unter den Kollegen verschlechtert sich. Der heute 57-Jährige verliert zunehmend den Spaß an der Arbeit.

Vor fünf Jahren dann eine weitere Umstrukturierung der Abteilung, die seine Probleme noch verschärfen. Ein selbstständiges und eigenverantwortliches Arbeiten ist nun nicht mehr erwünscht, klare Anweisungen erhält er jedoch auch nicht. Gespräche mit den Vorgesetzten über die Situation sind nicht möglich.

Für die Arbeit gibt es keine Anerkennung mehr. Ganz im Gegenteil, Boldt wird bei jeder Gelegenheit das Gefühl gegeben, nicht mehr gebraucht zu werden. Berufserfahrung zählt nicht mehr, stattdessen ist Flexibilität bis zur Selbstverleugnung angesagt.

Die ständige Frustration führt schließlich zur Entscheidung, so bald wie möglich in Frührente zu gehen. Für die Arbeitssituation bringt das allerdings keine Erleichterung. Sein physischer und psychischer Zustand verschlechtert sich vielmehr von Tag zu Tag: Max Boldt hat inzwischen Angst, morgens zur Arbeit zu gehen, er leidet unter Magenschmerzen, Schlafstörungen, hat Weinkrämpfe. Die Probleme bei und mit der Arbeit führen auch zu Schwierigkeiten im Privaten, in der Partnerschaft. Bald folgt der völlige Zusammenbruch.

Zum Glück erinnert er sich an den Flyer eines Gesundheitsmanagement-Instituts, das externe Beratung in Krisensituationen – bei persönlichen, beruflichen, familiären und gesundheitlichen Schwierigkeiten – anbietet. Die Kosten für die Beratung der Mitarbeiter übernimmt Boldts Arbeitgeber.

Max Boldt analysiert gemeinsam mit dem externen Berater seine Situation und entschließt sich zu einem stationären Aufenthalt in einer Spezialklinik, die ihm das Institut empfiehlt. Dort werden bei ihm eine mittelschwere Depression und ein Burnout-Syndrom diagnostiziert. Die sechswöchige Therapie ist eine Kombination aus Gesprächstherapie, sportlichen Aktivitäten und entspannenden Übungen. Und sie ist ein voller Erfolg. Für Max Boldt die Rettung.

Nach dem Aufenthalt in der Klinik schließt Boldt eine ambulante Therapie an – auf Initiative seiner Krankenkasse. Für die Wahl des geeigneten Therapeuten bedient er sich ebenfalls der Unterstützung des Instituts.

Mittlerweile hat Boldt die ambulante Therapie abgeschlossen. Bei Bedarf kann er sich aber jederzeit Unterstützung holen.

Gerät Max Boldt heute ins Hamsterrad, kann er bewusst aussteigen. Er hat gelernt, gelassener zu sein und die kleinen Dinge des Lebens zu genießen. Heute endet sein Arbeitstag regelmäßig mit einem Spaziergang – bei gutem Wetter auch mal mit einem Glas Wein im Bistro um die Ecke. Und der Ausstieg aus dem Arbeitsleben steht bevor. Sein nächstes Ziel: Mit der Partnerin auf Kreuzfahrt gehen.

„Ich werde die nächsten drei Jahre richtig ranklotzen müssen, wie soll ich das denn schaffen?“

Lena Freitag ist vier Jahre bei ihrem Arbeitgeber als Projekt-Managerin beschäftigt, als es im Jahr 2005 zu enormen Veränderungen in der Firma kommt: Das Unternehmen wird an einen neuen Inhaber verkauft, Personal wird peu à peu abgebaut und Lena Freitag muss von der Produktion ins Produktmanagement wechseln. Ein Karrieresprung, aber sie will diesen Wechsel nicht. Ein unfähiger Abteilungsleiter und die Unlust, in dieser Abteilung zu arbeiten, nehmen ihr den Spaß am Job.

Frühjahr 2006

Im März treten bei der damals 31-Jährigen erstmals Rückenschmerzen auf, die allerdings noch erträglich sind. Um sich zu erholen, fährt sie über das Wochenende in ein Wellness-Hotel. Ihr Plan geht allerdings nicht auf: Nach dem Wochenende haben sich die Rückenschmerzen verschlechtert. Um beschwerdefrei arbeiten zu können, geht sie zum Osteopathen, der sie einrenkt.

Noch heute ist es so, dass Lena Freitag, wenn sie etwas „komisch“ findet, sich unwohl fühlt, genau an der besagten Stelle Rückschmerzen bekommt. Sie bezeichnet die Schmerzen heute als „ihre persönliche Ampel“, die dann nämlich auf Rot steht und ihr signalisiert, dass sie handeln muss.

Sommer 2006

Ein Urlaub soll die dringend benötigte Erholung bringen. Allerdings erhält Lena Freitag während des Urlaubs einen Anruf und erfährt, dass der neue Unternehmer den Standort ins Ausland verlagern will. Sie hat die Wahl: arbeitslos sein oder mitziehen, aber zu schlechteren Arbeitsbedingungen. Lena Freitag entscheidet sich für die zweite Alternative.

Nach dem Urlaub pendelt sie zwischen dem ausländischen und dem deutschen Standort hin und her. Außerdem führt sie immer wieder mit ihrem neuen Chef Gespräche über ihren neuen Einsatzort, die Arbeitsbedingungen und ihre Möglichkeiten.

Da sie die Rückenschmerzen noch immer quälen, geht sie regelmäßig zum Osteopathen, der ihr aber signalisiert, dass er auf Dauer nichts gegen ihre starken Verspannungen machen kann. Er signalisiert ihr, dass er zwar die Symptome behandeln könne, nicht aber die Ursache.

HERBST 2006

Das Pendeln zwischen dem ausländischen und dem deutschen Standort und die ergebnislosen Gespräche mit ihrem neuen Chef zermürben Lena Freitag so sehr, dass sie im September 2006 nur noch die Möglichkeit sieht, das Unternehmen zu verlassen.

Zu diesem Zeitpunkt erhält Lena Freitag – ein glücklicher Zufall, wie es scheint – von einer Freundin das Angebot, sich gemeinsam selbstständig zu machen. Übergangslos gründet sie mit ihr ein Unternehmen, ohne sich wirklich Zeit für die Entscheidung zu nehmen und über diesen Schritt nachzudenken.

Schon während der Gründungsphase stellt Lena Freitag fest, dass etwas nicht stimmt. Sie ist nur fähig, Renovierungsarbeiten zu erledigen – *„denn da muss man ja keine Verantwortung übernehmen"*. Im Nachhinein begreift Lena Freitag, dass eine Selbstständigkeit nicht zu ihr passt. Damals weiß sie es noch nicht, und auch nicht, warum sie so traurig ist, ständig weinen muss, was sie überfordert, welche Ängste sich in ihr angestaut haben.

Sie fühlt sich schlecht, ihr ist schnell alles zu viel, ständig hat sie den Businessplan im Kopf: *„Ich werde die nächsten drei Jahre richtig ranklotzen müssen, wie soll ich das denn schaffen?"* Sie rutscht immer tiefer in die Hilflosigkeit und ist kaum noch fähig, etwas Sinnvolles zu tun. Sie traut sich nicht einmal mehr zu, zwei Telefonate an einem Tag zu führen. Das gesteht sie sich aber nicht ein. Sie macht einfach gar nichts. Was wiederum Druck auslöst, denn sie befürchtet, dass ihre Geschäftspartnerin merkt, dass mit ihr etwas nicht stimmt, dass sie nicht arbeitet.

Winter 2006

Die Situation spitzt sich immer weiter zu: Lena Freitag weint viel, arbeitet kaum, spricht aber nach wie vor nicht über ihre Probleme. Sie weiß selbst nicht, warum sie sich so verändert hat. Warum ist bloß aus der Arbeitsbiene Lena die lethargische Lena geworden?

In dieser Situation hat sie Angst, dass ihre Geschäftspartnerin sie fragt, warum sie sich eigentlich nicht auch um die Unternehmensgründung kümmere. Da sie selbst keine Antworten hat, kann sie auch ihrer Mitstreiterin keine geben. Zu den Rückenschmerzen kommen jetzt noch Schlafstörungen und ständige Brechattacken. Sie kann keine Nahrung mehr bei sich halten, verliert enorm an Gewicht.

Lena Freitag geht deshalb Anfang Dezember zum Arzt, der eine Magenspiegelung vornimmt und eine Fruktose-Intoleranz diagnostiziert. Zum ersten Mal seit fast einem Jahr schreibt sie ihr Hausarzt krank. Parallel sucht sie einen Heilpraktiker auf, der ihr ein pflanzliches Aufbaupräparat verschreibt. Da die Rückenschmerzen sie nach wie vor quälen, besucht sie auch ihren Osteopathen weiterhin regelmäßig.

Kurz vor Weihnachten ist Lena Freitag zwei Mal in der Verfassung, dass sie sich wünscht, einfach umzufallen, nicht mehr aufstehen zu müssen, sich nicht mehr kümmern zu müssen. In dieser Zeit versucht sie, ihre ständigen Weinanfälle und Erschöpfungsphasen vor Freunden zu verbergen. Bei einem Besuch zu Weihnachten kann sie ihren Zustand vor der Familie allerdings nicht mehr geheim halten.

Ende Dezember nimmt Lena Freitag ihren ganzen Mut zusammen und teilt ihrer Geschäftspartnerin mit, dass sie aus dem gemeinsamen Unternehmen aussteigt.

Frühjahr 2007

Lena Freitag ist zwar weiterhin krankgeschrieben, weiß aber nicht, wie es weitergehen soll. Weder ihr Hausarzt noch der Heilpraktiker noch der Arzt, der die Magenspiegelung gemacht hat, können ihr helfen.

Bei einem Besuch im Februar bei ihrer Familie schickt ihr Vater sie zu seinem Hausarzt. Der löst mit seiner Bemerkung,

„Ich kümmere mich um Sie“, bei Lena Freitag zum ersten Mal das Gefühl von Hoffnung aus. Ein Arzt, der sich um sie kümmert, ist genau das, was sie sucht und braucht. Der Arzt stellt fest, dass Lena Freitag keine Beschwerden aufgrund einer Fruktose-Intoleranz hat, sondern dass Gallensteine die Ursache sind. Er prophezeit allerdings auch, dass sie nicht in der psychischen Verfassung sein werde, 2007 noch einmal arbeiten gehen zu können. Zudem rät er ihr zu einer Gesprächstherapie bei einem Psychotherapeuten.

Lena erfährt von der Möglichkeit, Probegespräche mit einem Therapeuten zu führen, bevor sie sich entscheiden und die Therapie bei ihrer Krankenkasse beantragen muss. Die Therapeutin, für die sich Lena Freitag zunächst entscheidet, lehnt jedoch diese Probegespräche mit der Begründung ab, dass sie daran nichts verdienen würde. Nach diesem Fiasko geht Lena Freitag zu ihrem Hausarzt, der ihr eine andere Psychotherapeutin empfiehlt. Allerdings besucht sie diese Therapeutin nur einige Male, da sie nicht das Gefühl hat, dass diese ihr helfen kann.

Zudem hat Lena Freitag ständig das Gefühl, ein „Elefant“ säße ihr auf dem Rücken, der sie auch weiterhin zu dem Osteopathen treibt: Zuerst der Job, der ihr nicht mehr gefällt. Dann die Selbstständigkeit, die sie sich nicht zutraut. Die Angst, wie es weiter geht, was sie beruflich machen soll. Und die Existenzangst, wie lange sie ihre Ausgaben noch zahlen kann.

Weil der Hausarzt ihres Vaters nicht an ihrem Wohnort praktiziert, fährt sie einmal pro Woche zur Behandlung mehrere hundert Kilometer. Diesen Weg nimmt sie allerdings auch gerne auf sich, denn schon nach drei Wochen merkt sie, dass es ihr sowohl körperlich als auch psychisch langsam besser geht. Die Behandlung: eine Mischung aus Akupunktur, Schulmedizin und Gesprächstherapie. Da der Arzt sie jedoch nicht krankschreiben kann, muss Lena Freitag weiterhin zu ihrem eigenen Hausarzt gehen. Was ihr missfällt, da sie dort eigentlich keine Hilfe bekommt.

Da die Rückenschmerzen zwar nicht komplett verschwinden, aber besser werden, sie auch wieder besser essen kann, hat Lena Freitag immer ein schlechtes Gewissen, wenn sie eine erneute Krankschreibung benötigt. Ihre Gedanken: *„Eigentlich bin ich ja nicht krank. Mir geht es ja wieder gut.“* Der Hausarzt ihres Vaters jedoch sieht die Situation ganz anders: *„Pus-*

tekuchen, dir geht es überhaupt nicht gut. Du hältst jetzt erst einmal die Füße still. Du sollst nicht einmal annähernd darüber nachdenken, was du wieder machen willst."

Lena Freitag pendelt also zwischen dem Hausarzt ihres Vaters und ihrem Wohnort hin und her, weil sie ihre Wohnung, ihre Freunde und ihr Umfeld braucht. Ihr geht es allerdings auch zusehends besser: Sie weint nicht mehr ständig, fühlt sich körperlich und psychisch besser.

Absolute Verzweifelung kommt bei Lena Freitag auf, als ihr eigener Hausarzt sie im Mai nicht mehr krankschreibt, da sie keine körperlichen Beschwerden mehr hat. Als sie daraufhin zu weinen anfängt, rät ihr der Arzt zu einer stationären Behandlung in der Psychiatrie – *„Das Einzige, was ich noch für Sie tun kann, Frau Freitag."* Sie erhält von ihrem Hausarzt zwei Adressen von Psychiatern, an die sie sich wenden soll.

Diese Kontakte können ihr aber nicht weiterhelfen, da beide Psychiater eine Wartezeit von drei Monaten haben. In beiden Praxen wird sie mit der Äußerung: *„Jedes Krankenhaus hat eine Psychiatrie, zu der Sie gehen können"*, abgefertigt.

SOMMER 2007

Lena Freitag beginnt wieder, ihre Therapeutin regelmäßig zu besuchen. Sie hat aber wieder das Gefühl, dass ihr die Gespräche nicht weiterhelfen. Sie redet die ganze Zeit und ihre Therapeutin sagt rein gar nichts. Zwar hört sie auch von anderen Betroffenen, dass ihre Therapien ebenfalls so ablaufen, ist aber dennoch unzufrieden mit dieser Situation und spricht es immer wieder an. Sie hat das Gefühl, die Therapeutin verstehe ihre Probleme nicht.

Da Lena Freitag eine neue Krankmeldung benötigt, ihre Therapeutin sie aber nicht krankschreiben darf, da sie bei ihr in Behandlung ist, besorgt sie Lena Freitag einen Termin bei einem Psychiater. Nach einem fünfminütigen Gespräch, in dem Lena Freitag wieder einen Weinkrampf bekommt, diagnostiziert dieser dann eine schwere Depression und schreibt ihr die Krankmeldung aus. Die angebotenen Psychopharmaka lehnt sie allerdings ab. Ihr Gedanke beim Verlassen der Praxis: *„Ich verzichte auf die Krankschreibung und gehe lieber putzen, bevor ich hier nochmal hinmuss."* Der Weg zu dem Psychiater wird allerdings für Lena Freitag von Mal zu Mal leichter, da sie merkt, dass es ihr immer besser geht.

Relativ kurzfristig erhält Lena Freitag einen Termin beim Medizinischen Dienst ihrer Krankenkasse – und bekommt Angst. *„Was, wenn der sagt, ich bin gar nicht krank? Ich kann aber nicht arbeiten. Wie soll ich mich in so einer Situation bewerben? Und als was? Ich kann noch gar nicht."*

Ihre Sorge ist vollkommen unbegründet. Sie spricht mit dem Arzt eineinhalb Stunden, in denen er sie umfassend über alle medizinischen Möglichkeiten informiert. Auch er spricht von der Möglichkeit der stationären Behandlung. Erklärt ihr aber auch den Unterschied zwischen einer Psychiatrie und einer psychosomatischen Klinik – und nimmt ihr damit die Angst vor einer stationären Behandlung. Er sieht auch die besondere Situation bei Lena Freitag: Sie ist nicht fest bei einem Arbeitgeber angestellt und kann dementsprechend nicht immer mal wieder für ein paar Tage „das Arbeiten probieren". Sie muss sich neu bewerben, hat aber in diesem Zustand keine Chance. Er gibt ihr bis Ende August Zeit, eine geeignete Therapie für sich zu finden.

Nach dem Gespräch sieht Lena Freitag eine stationäre Behandlung nicht mehr als Bedrohung. Sie weiß, dass sie an einem Punkt ist, an dem sie noch nicht arbeiten gehen kann. Sie weiß aber auch, dass es irgendwie weitergehen muss. Deshalb sieht sie eine stationäre Behandlung als Chance: Die Möglichkeit, sich sechs Wochen nur mit sich selbst zu beschäftigen, würde so erst einmal nicht wiederkommen.

Lena Freitag fährt zu einer Klinik, um sich über eine stationäre Behandlung zu informieren und sich unverbindlich anzumelden. Das Gespräch mit einer Klinikärztin verläuft jedoch nicht sehr gut. Die Ärztin redet auf Lena Freitag ein, um sie davon zu überzeugen, dass sie psychisch am Ende ist. Lena Freitag fühlt sich aber nicht so – und fängt aus Verzweiflung zu weinen an. Was für die Ärztin wiederum ein Indiz dafür ist, dass sie dringend eine stationäre Behandlung benötigt – und weiter Druck aufbaut. Nach diesem Besuch ist Lena Freitag verzweifelt und das Thema einer stationären Behandlung gestorben.

Herbst 2007

Lena Freitag fährt weiterhin regelmäßig zu dem Hausarzt ihres Vaters. Er sieht keine Notwendigkeit einer stationären Behandlung und bleibt auch bei seiner Meinung, Lena Freitag sollte sich bis Ende des Jahres Ruhe gönnen.

Um zur Ruhe zu kommen, fährt Lena Freitag eine Woche an die Ostsee. Obwohl das Thema der stationären Behandlung für sie eigentlich „gegessen" ist, ruft sie aus dem Urlaub die Klinik an, um herauszufinden, wie lange es noch dauert, bis für sie ein Platz frei wird (die Klinik hat eine Wartezeit von bis zu acht Wochen). Denn sie hält es für sinnvoll zu agieren, da die Krankenkasse beziehungsweise der Medizinische Dienst ihr „im Nacken sitze".

Lena Freitag bespricht ihr Vorhaben, keine stationäre Behandlung zu machen, auch mit ihrer Psychotherapeutin und mit ihrem Psychiater, zu dem sie ja regelmäßig wegen ihrer Krankmeldungen geht. Gegen den Rat ihrer Therapeuten und ihres Psychiaters spielt Lena Freitag bei ihrer Krankenkasse mit offenen Karten und informiert sie darüber, dass sie keine stationäre Behandlung machen wird. Sie will vermeiden, dass die Krankenkasse sich bei ihr meldet und nach ihrem „Status" fragt – und im Zweifel dann das Krankengeld streicht.

Sie informiert die Krankenkasse darüber, dass sie, ihre Psychotherapeutin und ihr Psychiater der Meinung sind, eine stationäre Behandlung sei nicht mehr nötig. Sie brauche nur noch etwas Ruhe, um wieder auf die Beine zu kommen. Aber in absehbarer Zeit sei sie wieder arbeitsfähig. (Inoffiziell vertritt allerdings nur Lena Freitag diese Meinung.)

Die Krankenkasse macht keine Probleme und erwartet nur von Lena Freitag, dass sie sie regelmäßig über ihren gesundheitlichen Zustand informiert.

WINTER 2007

Bereits im Oktober fühlt sich Lena Freitag so gut, dass sie ein Bewerbungsgespräch bestehen kann. Auf die Frage, was sie im letzten Jahr gemacht hat, erzählt sie ehrlich, dass es ihr nicht gut ging. Für den Personalchef kein Problem, sie bekommt den Job, bittet jedoch darum, erst zum Januar 2008 anzufangen, da sie sich diese Auszeit noch nehmen möchte. Auch das kein Problem für den Personalchef.

Seit Januar 2008 arbeitet Lena Freitag wieder und ist glücklich. Sie achtet heute allerdings mehr auf die Signale, die ihr Körper sendet – um nicht mehr in die Erschöpfung zu rutschen.

5 Boreout – des Burnouts jüngerer Bruder

Kurz eingehen möchten wir noch auf eine neue Wortschöpfung, die im Jahr 2007 durch Deutschlands Medienlandschaft „geisterte“: „Boreout“, was so viel bedeutet wie „Ausgelangweiltsein“. Aufmerksam machte darauf das Schweizer Autoren-Duo Philippe Rothlin und Peter R. Werder mit seinem Buch „Diagnose Boreout“.

5.1 Boreout und Burnout – zwei Seiten derselben Medaille?

Das Boreout-Syndrom führt zu Müdigkeit, Gereiztheit und Lustlosigkeit – ähnliche Symptome wie beim Burnout.

Der Unterschied zwischen einem Burnout und einem Boreout ist: Wer unter einem Boreout leidet, hat zu viel Zeit für zu wenig Arbeit und bemüht sich krampfhaft, diesen Umstand vor anderen zu verbergen.

Burnout	Boreout
Überforderung	Unterforderung
Wenig Zeit	Viel Zeit
Nicht mehr können	Nicht mehr wollen
Stress	Langeweile
Aufopferung	Lethargie

Den Grundstein für einen Boreout legen viele schon, indem sie sich für das falsche Studienfach entscheiden oder eine Ausbildung wählen, die vielleicht den Wünschen der Eltern entspricht, nicht aber den eigenen Neigungen.

Das krampfhafte Bemühen, die eigene Unterforderung vor anderen zu verbergen, kann Stress auslösen

Es gibt Berufe, in denen das Risiko eines Boreouts besonders hoch ist. Zu dieser Gruppe gehören Jobs im administrativen Bereich, in denen man viel am Schreibtisch sitzt und Aufgaben abarbeitet, die nicht sofort fertig werden müssen. Bei diesen Tätigkeiten mangelt es oft an vielem, was Arbeit interessant macht: Vielfalt, Bedeutung, Eigenverantwortung, direkte Rückmeldung. Das kann zu Unterforderungsstress führen. Die Folgen unterscheiden sich kaum von der klassischen Überforderungssituation: Die Betroffenen melden sich häufiger krank, neigen zum Alkoholmissbrauch und leiden unter einem angekratzten Selbstwertgefühl. Schnell kommt es zur inneren Kündigung.

Boreout ist ein Phänomen der Dienstleistungsgesellschaft. Schließlich kann ein Fliesenleger schlecht so tun, als ob er Fliesen legt, Kunden und Chef können sehen, was er leistet – oder auch nicht. Bei Büromenschen ist das schwieriger, da ist die Arbeit nicht immer unmittelbar messbar.

Boreout ist ein Phänomen der Dienstleistungsgesellschaft

Hinzukommt ein spezielles Problem der Arbeitskultur in Deutschland. Es wird den Mitarbeitern zu wenig zugetraut und zu viel vorgeschrieben, auch gut ausgebildeten Leuten. Wer aber seine Arbeit nicht mitgestalten kann oder nur uninteressante Projekte abzuarbeiten hat, entwickelt über kurz oder lang einen Widerwillen gegen seinen Job. Auch schaffen es Führungskräfte häufig nicht, Arbeit abzugeben, Teilaufgaben zu delegieren. Mit der gar nicht so seltenen Folge, dass der Chef „ausbrennt", während sich sein Team „auslangweilt".

5.2 Wenn Unterforderung zum Zusammenbruch führt

Mit der Aussage: *„Ich bin gestresst"*, erntet man meist Mitgefühl und Respekt. Ganz anders, wenn man eingestehen muss: *„Ich habe mich heute bei der Arbeit wieder zu Tode gelangweilt."*

Viele Menschen definieren sich fast ausschließlich über ihre Arbeit. Ihr Selbstwertgefühl schöpfen sie aus ihrem Engagement und ihrem Erfolg im Beruf. Wenn es aber nichts zum Schöpfen gibt, weil die Betroffenen dazu verdammt sind, untätig zu sein und in ihrem Job keine Erfüllung finden, bedeutet das eine enorme Belastung, da dann auch in aller Regel die Wertschätzung ausbleibt.

Wer unausgelastet ist und einen Teil seiner Arbeitszeit mit Pseudo-Aufgaben füllen muss, verbindet mit seinem Job nur noch Langeweile und Desinteresse. Dieser Zustand sorgt langfristig für die gleichen Symptome wie bei einem Burnout: Müdigkeit, Antriebslosigkeit, depressive Verstimmungen. Nur eben nicht wegen Über-, sondern Unterforderung.

Vom Boreout Betroffene zeigen dieselben Symptome wie Burnout-Opfer

Die Langeweile stellt sich für gewöhnlich schleichend ein: Fast alle Boreout-Betroffenen gehen nach und nach dazu über, am Arbeitsplatz Privates zu erledigen. Doch irgendwann sind alle Geschenke bestellt, ist die Urlaubsreise geplant und sind die Privatgespräche geführt. Was tun in den quälenden Reststunden bis zum Feierabend?

Es gibt viele Arbeitnehmer, die unterfordert sind, sich langweilen und stundenlang nichts zu tun haben. Um ihr Gehalt zu rechtfertigen und nicht unangenehm aufzufallen, verstecken sie ihr Nichtstun mit großem Aufwand, sie geben sich geschäftig. Wovon der von Termin zu Termin hetzende Manager träumen mag – einmal für eine Weile nichts zu tun zu haben – das wird für den Boreout-Betroffenen auf Dauer zum Alptraum.

Permanent die eigene Unterforderung und Unausgelastetheit zu verbergen, führt zu Dauerstress

Denn sie stehen ebenfalls unter Stress. Ständig müssen sie auf der Hut sein, müssen ihre Untätigkeit vertuschen und Geschäftigkeit vortäuschen. Dieses Versteckspiel, das ja den eigenen Arbeitsplatz sichern soll, ist anstrengend und belastend – und damit schlecht für die Gesundheit. Psychosomatische Symptome wie Magenbeschwerden oder Verspannungen gehören zu den harmloseren Folgen. Das Gefühl der eigenen Nutzlosigkeit kann aber sogar Suizidgedanken bei den Betroffenen hervorrufen.

Anfällig für das chronische Gelangweiltsein sind Menschen, die

- sich nicht wirklich für ihren Beruf interessieren,
- Tätigkeiten mit geringem gesellschaftlichen Ansehen ausüben,
- hauptsächlich Routinearbeiten erledigen müssen,
- in der Firmenhierarchie weit unten angesiedelt sind und dies auch zu spüren bekommen,
- keinen Sinn in ihrer Arbeit sehen,
- in der falschen Firma arbeiten,
- oder einfach nicht genug zu tun bekommen.

Boreout-Betroffene stoßen gesellschaftlich auf wenig Verständnis

Dass Boreout-Betroffene, im Gegensatz zu Burnout-Betroffenen, nicht unbedingt auf Verständnis und Mitgefühl hoffen können, liegt auf der Hand. Nichtstun passt nicht zum Prinzip unserer Leistungsgesellschaft. Nichtstun bedeutet Müßiggang. Müßiggang bedeutet Faulheit. Dabei wollen am Boreout-Syndrom Leidende etwas leisten. Sie sind nicht faul, sondern sie werden faul gemacht.

Eine mögliche Lösung: der Arbeitsplatzwechsel. Bei Menschen mit beispielsweise monotonen Aufgaben hat sich gezeigt, dass eine Jobrotation helfen kann. Auch Lob und Anerkennung vom Arbeitgeber kann Wunder wirken.

Ist man erst einmal unterfordert, setzen die so genannten Boreout-Strategien ein: Der Mitarbeiter wendet eine Vielzahl von Verhaltensstrategien an, um bei der Arbeit ausgelastet zu wirken und sich die langweilige Arbeit vom Leib zu halten.

5.3 Boreout-Strategien

Strategien, um Beschäftigtsein vorzutäuschen

Arbeitnehmer entwickeln eine Vielzahl von Strategien, um sich die langweilige Arbeit vom Hals zu halten und dabei gleichzeitig möglichst gestresst auszusehen.

Dokumenten-Strategie

Ziel ist es, ausgelastet zu erscheinen, um genügend Zeit für die Internet-Recherche zu haben.

Beispiel: Wenn Herr F. sich seinem privaten Aktienportfolio widmet, hat er stets wichtige Arbeitsunterlagen auf dem Schreibtisch liegen oder eine Powerpoint-Präsentation auf seinem Rechner im Hintergrund geöffnet. Kommt der Vorgesetzte oder ein Kollege vorbei, greift er sich die Unterlagen oder zaubert blitzschnell per Tastendruck die Präsentation auf den Bildschirm, wo eben noch die Börsenkurse flimmerten.

Pseudo-Commitment-Strategie

Diese Strategie hat zum Ziel, die Identifikation mit dem Unternehmen vorzutäuschen. Am einfachsten funktioniert sie mit der sinnlosen Verlängerung der Präsenzzeit am Arbeitsplatz.

Beispiel: Frau H. ist morgens die Erste, die im Büro erscheint und abends die Letzte, die es verlässt. Der freundlichen Aufforderung des Chefs, *„heute doch mal früher Feierabend zu machen“*, begegnet sie mit einem Stoßseufzer und Achselzucken. Soll heißen: Ich würde ja, aber die viele Arbeit ... Damit erweckt sie den Eindruck, sehr viel zu tun zu haben – auch wenn das Gegenteil der Fall ist.

Komprimierungsstrategie

Für kurze Zeit voll konzentriert und extrem effizient arbeiten.

Beispiel: Frau K. erledigt ihre Aufgaben so schnell wie möglich. Oft unterschreitet sie den Abgabetermin für ein Projekt, sagt dem Chef aber nichts davon. Stattdessen nutzt sie die überschüssige Zeit für private Dinge wie die Urlaubsplanung. Vorteil: Da sie ihre Projektarbeit immer pünktlich erledigt, fällt nicht weiter auf, dass sie einen beträchtlichen Teil der Arbeitszeit für Privatangelegenheiten verwendet.

Flachwalzstrategie

Wie der Name schon sagt, die Arbeit wird flachgewalzt. Sie wird in kleinen Häppchen auf einen längeren Zeitraum verteilt, als eigentlich nötig wäre. Für diese Strategie eignet sich besonders gut ein langfristiges Projekt.

BEISPIEL: Herr E. schiebt seine Projektunterlagen immer wieder hin und her und ergänzt sie alle paar Stunden um ein wenig Inhalt. Oder die Dokumente bleiben einfach über Tage und Wochen auf dem Schreibtisch liegen und werden nur ab und zu bearbeitet, um bei Bedarf etwas vorzeigen zu können.

Strategische Verhinderung

Man verhindert, dass jemand Maßnahmen ergreift, durch die man zum sofortigen Handeln gezwungen wird. Ziel ist es, den Zeitpunkt der Arbeitserledigung zu manipulieren. Sie wird angewandt, wenn man etwas erledigen muss, aber keine Lust dazu hat oder die Aufgabe nicht interessant ist.

BEISPIEL: Herr S. soll mit seinem Kollegen T. in Kontakt treten, hat dazu aber keine Lust und möchte den Beginn der Arbeit so weit wie möglich hinauszögern. Für die Kontaktaufnahme wählt er nun einen Zeitpunkt, an dem T. mit hoher Wahrscheinlichkeit nicht zu erreichen ist. Zu diesem Zweck hatte Herr S. zuvor den elektronischen Kalender der Firma konsultiert. Bei einem anstehenden Kundenkontakt ruft er in der Mittagszeit an. Er hinterlässt eine Nachricht und ist aus dem Schneider: Er hat seine Bereitschaft für das Projekt signalisiert, muss aber noch nicht mit der Arbeit beginnen – jedenfalls, solange kein Rückruf erfolgt ist.

Aktenkofferstrategie

Mit dieser Strategie will man vor dem Chef glänzen und seine Hingabe signalisieren. Man opfert sogar seine Freizeit für das Unternehmen.

BEISPIEL: Weil ein Teil der Arbeit während des Tages wegen „zu viel sonstigem Stress“ mal wieder liegen geblieben ist, muss Frau M. sie am Abend zuhause erledigen. Dazu klemmt sie sich beim Heimgehen demonstrativ einen Stapel Unterlagen unter den Arm. Gern nutzt sie auch die Mittagspause für private Erledigungen, um dann anschließend Mitleid erregend einen Salat am Computer zu essen.

Pseudo-Burnout-Strategie

Mit dieser Strategie kommuniziert der Mitarbeiter unmissverständlich, dass er vor lauter Arbeit zusammenbrechen würde, müsste er sich jetzt noch um eine zusätzliche Aufgabe kümmern.

BEISPIEL: Herr W. spricht bei jeder Gelegenheit offen über seine Aus- und Überlastung. Das Ziel: Neue Arbeitsaufträge werden an die anderen verteilt.

Lärmstrategie

Sie wird von Mitarbeitern aus dem Hut gezaubert, die am Arbeitsplatz nicht das geringste Geräusch erzeugen oder minutenlang auf ihren Bildschirm starren.

BEISPIEL: Wenn sie aus ihren Tagträumen erwacht, beginnt Frau B. sogleich, wahllos auf der Tastatur herumzutippen oder mit einem dicken Filzstift für alle vernehmlich zu schreiben. Das soll die Kollegen glauben machen: Hier wird ordentlich gearbeitet.

Boreout-Strategien mögen andere täuschen, verlängern aber den Zustand der Unzufriedenheit nur

Wer sich mit solchen Strategien über den Tag rettet, fühlt sich alles andere als wohl. Nur merken Betroffene es oft erst, wenn es schon zu spät ist. Und diese Strategien helfen zwar dabei, das Soll zu erreichen, verlängern aber zugleich den Zustand der Unzufriedenheit. Zudem haben Betroffene auch Angst, sie könnten von der Unterforderung direkt in die Überforderung geraten, wenn sie um andere Aufgaben bitten. So bleiben sie lieber im ungeliebten, aber vertrauten und überschaubaren Langeweilesumpf, werden dabei aber immer müder, unzufriedener, gereizter und vor allem handlungsunfähiger.

Nicht zu unterschätzen ist außerdem der Gewöhnungseffekt: Der „Wiedereinstieg" ins normale Arbeitsleben wird immer schwieriger. Eine weitere Gefahr: Das schlechte Gefühl während des ganzen Tages kann nicht mit einer glücklichen Familie, Haustieren oder Sport kompensiert werden. Die Wahrscheinlichkeit, dass man auch im Privatleben immer lustloser und unzufriedener wird, steigt.

Wer sich eingesteht, dass er chronisch gelangweilt ist, sollte sich die Gründe klarmachen und dann sehen, was er jetzt tun kann. Den Job wechseln oder das Team, sich selbstständig machen oder noch mal weiterlernen? Ein schlechter Führungsstil (beispielsweise, wenn man kaum eigenverantwortlich arbeiten kann) kann unter Umständen dazu führen, dass man die Lust am Arbeiten verliert.

Auch kommen Betroffene nicht allein aus dem Teufelskreis heraus, da es in der Natur solcher Abwärtsspiralen liegt, dass sie nicht einfach zu durchbrechen sind. Einerseits wünscht der Betroffene, endlich mehr zu tun zu haben. Andererseits weiß er, dass jede Aufgabe, die sein Chef ihm gibt, ihn nur anöden würde.

Bevor eine berufliche Veränderung geplant wird, sollte man andere Ursachen sicher ausschließen

Bevor Betroffene jedoch über eine Veränderung im Job nachdenken, sollten sie ausschließen, dass das Motivationstief ganz andere Ursachen hat. Dazu sollte man sich von einem Neurologen oder Psychiater untersuchen lassen, um sicherzugehen, dass keine Depression, Schilddrüsenhormonstörung oder andere Erkrankung vorliegt. All das kann die Motivation herabsetzen und Unlustgefühle auslösen. Eine Depression kann aber auch aus dem Boreout oder Burnout entstehen. Deshalb ist professionelle Unterstützung unverzichtbar!

5.4 Dem Boreout ein Ende bereiten

Lediglich Arbeit zu haben, darf kein Grund sein, einen unhaltbaren Zustand fortzuführen

Einen (festen) Job zu haben ist keine Selbstverständlichkeit mehr und der geordnete Rhythmus eines Arbeitstages bietet ein gewisses Maß an Sicherheit. Dennoch müssen sich Boreout-Betroffene davon lösen, nur froh zu sein, dass sie überhaupt Arbeit haben. Sicherlich ist der finanzielle und auch gesellschaftliche Druck nicht zu unterschätzen. Was aber nützt die Sicherheit, wenn man krank wird?

Wer unterfordert ist und dies zu verstecken versucht, sollte sich in Selbstreflexion üben. Nur so kann er erkennen, dass er sich in einer Lage befindet, in die er nie wollte. Er muss sich fragen: *„Was kann ich dafür tun, dass sich meine Situation verändert? Was habe ich bisher dafür getan?"* Wichtig ist, dass die Betroffenen an den Punkt gelangen, den unbefriedigenden Zustand nicht mehr länger hinnehmen zu wollen.

Wir verbringen den Großteil unseres Tages bei der Arbeit. Ein Grund mehr, warum die Arbeit auch Spaß bringen sollte.

Betroffene sollten den Boreout aber nicht nur als Problem sehen, sondern auch als eine Chance. Nur wer weiß, was ihn unzufrieden oder gar unglücklich macht, kann seine Situation verändern und verbessern. Dazu gehören allerdings der aufrichtige Blick auf sich selbst sowie die Entschlossenheit, sich aus der Situation zu befreien. Sich im Boreout „gemütlich einzurichten" ist nicht wirklich eine Lösung.

Um mehr Arbeit bei der Arbeit bitten

Wichtig ist, eigenverantwortlich zu handeln und sich neue Verantwortungsbereiche selbst zu erschließen: *„Wo gibt es in meiner Abteilung Chancen, mein bisheriges Aufgabenspektrum zu erweitern?"* In der Regel gibt es diese Chancen.

Zunächst den aktuellen Aufgabenbereich sicher in den Griff bekommen ...

Wer unterfordert ist oder seine Arbeit als überflüssig ansieht, sollte in Erwägung ziehen, mit dem direkten Vorgesetzten zu sprechen. Prinzipiell ist es in Ordnung zu sagen, dass man Lust auf neue Herausforderungen hat. Eine kompetente Führungskraft wird sich über die Eigeninitiative seines Mitarbeiters freuen und die Gunst der Stunde nutzen.

Doch Vorsicht: Wer diesen Schritt geht, sollte sich ganz sicher sein, dass er seine momentanen Aufgaben voll im Griff hat. Ansonsten kommt vom Chef womöglich zurück: *„Machen Sie erst mal das ordentlich, wofür Sie eingesetzt sind."* Auch können weitere mehr oder weniger unangenehme Fragen auftauchen, auf die der „Herausforderer" passende Antworten parat haben sollte: *„Warum kommen Sie damit erst jetzt zu mir?", „Und was stellen Sie sich da genau vor?"*

... und dann möglichst sensibel den Wunsch nach einer Veränderung anmelden

Während des Gesprächs kommt es darauf an, die richtigen Worte zu wählen. Eine Führungskraft um die Erweiterung seiner Aufgaben zu bitten, ist durchaus eine Herausforderung. Das oberste Gebot lautet daher: sensibel vorgehen. Auf keinen Fall sollte der Arbeitnehmer fordernd auftreten. Wer sagt: *„Sie müssen etwas für mich tun"*, bringt sein Gegenüber von vornherein in eine abwehrende oder auch ablehnende Haltung.

Konstruktiver und respektbezeugender ist: *„Ich habe ein Problem, bei dem nur Sie mir helfen können."* Dann gilt es, sein Anliegen positiv auszudrücken. Die Formulierung: *„Mich würde es reizen, zusätzlich etwas Neues zu machen"*, wird in den Ohren des Chefs besser klingen als: *„Meine Arbeit ist viel zu eintönig."*

Schwierig wird es bei Vorgesetzten, die ungern Verantwortlichkeiten abgeben und mit Anerkennung geizen. Eine gute Vorbereitung ist in diesen Fällen ein Muss. Betroffene sollten im Gespräch mit dem Chef konkrete Lösungsvorschläge präsentieren und den Vorteil für das Unternehmen herausstellen. Mehr Verantwortung lässt sich hervorragend begründen, wenn sich dadurch Abläufe beschleunigen würden.

Intern die Abteilung wechseln

Ein Abteilungswechsel kann neuen Schwung bringen

Fruchtet der Vorstoß nicht, bleibt die Möglichkeit, intern die Abteilung zu wechseln. Betroffene sollten sich dann aber vorher gut über die tatsächlichen Abläufe, den Führungsstil und die Stimmung dort informieren – um nicht vom Regen in die Traufe zu kommen.

Als letzte Maßnahme hilft in der Regel nur eines: schnellstmöglich die Chancen auf dem Arbeitsmarkt checken. Es nützt nichts, in einer winterschlafartigen Schockstarre zu verharren und darauf zu hoffen, dass es schon irgendwann besser wird: Wer seine Ziele im jetzigen Job überhaupt nicht umsetzen kann, muss handeln.

Arbeitszeit verkürzen

Wer es sich finanziell leisten kann, sollte über eine Arbeitszeitverkürzung, zum Beispiel in Form einer 70-Prozent-Regelung, nachdenken. Zugegeben, von dieser Idee wollen viele Arbeitgeber partout nichts hören. Besonders Männer stoßen mit diesem Anliegen häufig auf Unverständnis. Allerdings bricht die starre Prinzipienreiterei beim Thema Arbeitszeit in einer wachsenden Zahl von Unternehmen mehr und mehr auf. Ob sich die Frage nach einer Arbeitszeitverkürzung überhaupt lohnt oder ob die Ablehnung bereits von vornherein feststeht, lässt sich häufig von bestimmten Indikatoren ableiten: Gibt es bereits Kollegen mit einer geringeren Stundenzahl? Wie flexibel ist die Arbeitszeitregelung generell? Zeigt sich der Arbeitgeber eher generös, wenn seine Mitarbeiter bei unvorhergesehenen Ereignissen frei bekommen möchten?

Bevor man sich allerdings den Termin beim Chef besorgt, steht, jenseits der Finanzierbarkeit, eine Frage im Vordergrund: Was tun mit der gewonnenen freien Zeit? Wer die Stunden hauptsächlich dazu nutzt, auf dem Sofa fernzusehen, wird sicherlich nicht zufriedener sein mit seiner Situation.

Bessere Bezahlung

Auch die Verdrossenheit über die schlechte Bezahlung kann dazu führen, dass man sein Engagement herabsetzt – und sich so sein eigenes Grab der Langeweile schaufelt. Das Gefühl, ausgebeutet zu werden, ist jedenfalls kein guter Motivator. Allerdings wird auch eine Gehaltserhöhung wenig am Grundproblem ändern, wenn der Job langweilig ist. Und eine selbstverständliche Voraussetzung für die Verhandlung sollte eine gründliche Vorbereitung mit guten Argumenten sein – sonst sagt der Chef am Ende „Nein" und der Frust ist noch größer als vorher.

Experten zu Rate ziehen

Wer allein keine Möglichkeit sieht, die Lage zu verbessern, oder dessen Chefs wenig kooperativ sind, kann mithilfe eines Experten nach Lösungen suchen. Hier bieten sich Karrierecoaches an.

Wichtig: Wenn Person und Arbeitsumgebung auf Dauer nicht zusammenpassen, sollte man ernsthaft über eine berufliche Veränderung nachdenken. Sonst werden nämlich auch verkürzte Arbeitszeiten, mehr Geld oder ein Wechsel in eine andere Abteilung nicht zufrieden machen.

Falls alles nichts nutzt, über eine berufliche Veränderung nachdenken

5.5 Zum Umgang mit Boreout-Kollegen

Ein Kollege spricht offen über sein Boreout. Wie geht man damit um?

Hier sollte man einfühlsam reagieren und nicht vergessen, dass ein Boreout nichts mit Faulheit zu tun hat. Auf keinen Fall sollten Betroffene deswegen verurteilt werden. Stattdessen sollte man lieber den betroffenen Kollegen dazu ermuntern, nach Lösungen für sein Problem zu suchen. Natürlich kann man dem Kollegen auch seine Hilfe anbieten. Doch man sollte vorsichtig sein, damit man nicht zum Ersatz-Therapeuten mutiert.

Boreout hat nichts mit Faulheit zu tun: auf keinen Fall den Betroffenen verurteilen

Sollte ich einen Kollegen, der sich offensichtlich langweilt, darauf ansprechen?

Das geht nur, wenn man diese Person sehr gut kennt, wenn ein Vertrauensverhältnis besteht. Andernfalls wird man vermutlich nur erreichen, den anderen zu beschämen. Zudem wird er sich bemühen, das Boreout in Zukunft besser zu verbergen, und damit ist keinem geholfen.

Ist der Kontakt zu dem betroffenen Kollegen nicht sehr vertraut, wird es schwieriger. Eine Möglichkeit wäre, mit dem Betroffenen in einer gemeinsamen (Mittags-)Pause allgemein über die Arbeitssituation zu sprechen und behutsam das Thema anzugehen. Wenn er dann nicht von sich aus signalisiert, dass es ein Problem gibt, sollten Sie aber nicht insistieren.

Wie soll man reagieren, wenn man durch das Boreout eines Kollegen mehr arbeiten muss?

Das Boreout des einen kann zum Burnout des anderen führen

Experten wissen: Das Boreout des einen kann auch zum Burnout des anderen führen. Hier ist es notwendig, selbst Grenzen zu setzen, Nein zu sagen und den Kollegen auf seine Zuständigkeiten hinzuweisen, bevor die eigenen Kraftreserven zur Neige gehen und man ausbrennt.

Eine unausgelastete Kollegin kommt ständig zum Quatschen vorbei. Wie kann man sie bremsen?

Wenn man diese Kollegin mag, sollte man sie auf die Mittagspause oder den Feierabend vertrösten. Ansonsten reicht ein Satz: *„Tut mir leid, aber ich habe gerade leider keine Zeit zum Plaudern.“*

Teil 2:

Hilfe und Anlaufstellen

Vom Burnout-Syndrom Betroffene leiden nicht nur an der Seele, sondern auch unter körperlichen Symptomen.

Wird die Erschöpfung zum Dauerzustand, kommt irgendwann der Zusammenbruch.

Doch es gibt Wege aus der Krise.

6 So helfen Hausarzt und Psychologe

Ab einem gewissen Stadium ist professionelle Hilfe unumgänglich

Wer in einem Burnout steckt, benötigt ab einem gewissen Stadium der Krankheit professionelle Hilfe. In der Anfangsphase sind die physischen und psychischen Folgen eines Burnouts meist nicht so gravierend (siehe Kapitel 2: „Warnsignale wahrnehmen und handeln"). Kleinere Veränderungen wie ausgedehnte Erholungen oder gezielte Maßnahmen wie ein Arbeitsplatzwechsel reichen dann meist aus, um die Symptome zu behandeln (siehe Kapitel 4: „Was können Betroffene für sich selbst tun?").

Die meisten Burnout-Betroffenen unterschätzen zunächst den Ernst der Lage, selbst wenn sie bereits festgestellt haben, dass ihre Leistungsfähigkeit stark zurückgegangen ist. Einige versuchen sogar, ihre fehlende Kraft durch Mehrarbeit wettzumachen, was zwangsläufig fehlschlagen muss. Andere glauben, die Beschwerden würden schon wieder vergehen und ein Urlaub oder ein Entspannungskurs könne sie schnell wieder fit machen. Doch leider lässt sich ein Burnout ab einem gewissen Stadium nicht „mal eben so" heilen – und vor allem auch nicht schnell.

6.1 So hilft der Hausarzt

Für Allgemeinmediziner ist es nicht einfach, ein Burnout-Syndrom von anderen Krankheiten zu unterscheiden

Für Allgemeinmediziner ist es nicht einfach, ein Burnout-Syndrom von anderen Krankheiten zu unterscheiden. Überschneidungen mit Persönlichkeitsstörungen, Depressionen oder Angsterkrankungen machen eine gezielte Diagnose schwierig. Und der Begriff Burnout beinhaltet über 100 Symptome (siehe Kapitel 2: „Warnsignale wahrnehmen und handeln"). Psychosomatische Beschwerden, wie etwa Schlafstörungen, Herzprobleme oder Tinnitus, treten auch bei anderen Krankheiten auf.

Viele Menschen scheuen sich, ihren Hausarzt aufzusuchen, um ihm zu sagen: *„Ich kann nicht mehr!"* Vielleicht, weil sie befürchten, ihre Probleme wären es nicht wert, um einen Arzt damit zu belästigen. Oder, weil sie nicht davon ausgehen, Hilfe von ihm zu bekommen. Bei einem Burnout ist es jedoch nicht ratsam, den Gang zum Arzt hinauszuzögern.

Die Diagnose „Burnout-Syndrom" verlangt viel Fingerspitzengefühl und Sorgfalt vom behandelnden Arzt. Während des ersten Gesprächs mit dem Hausarzt muss erst einmal ausgeschlossen werden, dass der Betroffene noch an anderen Krankheiten leidet, die seine Leistungsfähigkeit einschränken. Das könnte zum Beispiel eine Unterversorgung des Gehirns mit Nährstoffen und Sauerstoff sein, hervorgerufen durch einen zu niedrigen Blutdruck oder Zuckerspiegel. Ursache könnte auch eine Unterversorgung mit den Schilddrüsenhormonen Thyroxin und Triiodthyronin sein, die den Stoffwechsel antreiben.

Zunächst sind alle anderen Ursachen für die Symptome auszuschließen

Schlecht auskurierte Infektionskrankheiten können den Körper ebenfalls auf Jahre schwächen. Hepatitis und Tuberkulose, aber auch manche Allergien führen zu chronischer Müdigkeit.

Mithilfe von Laboruntersuchungen, die die Funktionsfähigkeit von Bauchspeicheldrüse, Leber, Niere und Darm prüfen und mögliche Allergien erkennbar machen, können andere Ursachen des vorliegenden Erschöpfungszustands ausgeschlossen werden.

Weitere Hinweise auf ein Burnout-Syndrom ergeben sich aus der Analyse der Lebensumstände: Ist die Wohnung des Patienten möglicherweise mit versteckten Giften belastet oder kommt er am Arbeitsplatz mit giftigen Substanzen in Berührung?

Darüber hinaus sollten auch die Essgewohnheiten des Patienten von Interesse sein. Eine lange Fehlernährung führt zu einem Mangel an Vitaminen und Spurenelementen, unter dem das Immunsystem leidet.

Die Behandlung

So wenig wie das Krankheitsbild des Burnout-Syndroms einheitlich beschrieben werden kann, gibt es eine allgemeingültige Behandlungsmethode. Grundsätzlich brauchen Burnout-Betroffene am Anfang eine gründliche ärztliche Untersuchung. Ebenso gilt, dass zunächst vorhandende Infektionen oder andere Krankheiten behandelt werden sollten. Nur so kann das Immunsystem sich von dieser Dauerbelastung erholen.

Keine allgemeingültige Behandlungsmethode

Wenn Betroffene über Verspannungen, Kreislaufbeschwerden, Stimmungsschwankungen usw. klagen, behandeln Ärzte meist genau diese Symptome. Sie haben heute kaum noch die Zeit und das Verständnis, den gesamten Kontext des Menschen zu erfragen: Wo könnte die eigentliche Ursache für die Beschwerden liegen?

Ärzte haben heute kaum noch Zeit, den gesamten Kontext eines Patienten zu prüfen

In manchen Fällen würde es sogar genügen, wenn der Patient einfach nur die Gelegenheit bekommen würde, über seinen Job und die Belastungen zu sprechen. Selbst Betriebsärzte sind nicht unbedingt dazu ausgebildet, diese Symptome auch zu erkennen.

6.2 So hilft der Psychologe

Wie bereits erwähnt: Im fortgeschrittenen Stadium vergeht ein Burnout-Syndrom nicht „einfach" wieder. Doch leider bemerken die Betroffenen häufig erst dann, dass etwas nicht in Ordnung ist. Was nicht ungewöhnlich ist, denn meist entwickeln sich die Symptome sehr langsam und werden deshalb auch oft nicht rechtzeitig als Krankheit erkannt.

Ein Ausbrennender, der bereits in einem fortgeschrittenen Burnout-Prozess steckt, sollte sich in einer gezielten Psychotherapie behandeln lassen, zum Beispiel, um die eigene Leistungsfähigkeit besser einschätzen und um zukünftige Anforderungen an sich selbst realistischer stellen zu können. Auf diese Weise kann die Gefahr verringert werden, sich auch künftig selbst zu überfordern.

Eine psychotherapeutische Behandlung behandelt vor allem die Ursachen der Erkrankung

Eine psychotherapeutische Behandlung ist auch deshalb sinnvoll, weil nicht nur die Symptome, sondern vor allem die Ursachen der Erkrankung behandelt werden können – was Grundvoraussetzung für eine Heilung ist.

Hat der Psychotherapeut eine Kassenzulassung?

Wer bei einer gesetzlichen Krankenkasse versichert ist und sich zu einer Therapie entschließt, sollte bei der Wahl des Psychotherapeuten unbedingt darauf achten, dass dieser über eine Kassenzulassung verfügt (siehe Kapitel 10: „So hilft die gesetzliche Krankenversicherung"). Ansonsten kann es passieren, dass die Kasse die Kosten nicht trägt. Die Regelungen bei privaten Versicherern sind nicht einheitlich und sollten deshalb bei der jeweiligen Versicherung erfragt werden.

6.2.1 Hilft eine Therapie wirklich?

Die Psychotherapie ist als Behandlungsmethode nicht unumstritten. Kritiker stellen immer wieder die Nützlichkeit der Behandlung infrage. Ihre Hauptkritikpunkte: Eine Psychotherapie

Kritikpunkte an der Psychotherapie

- würde zu lange dauern,
- sei nicht effektiv,

- sei nicht wirtschaftlich,
- sei der schnelleren und billigeren Behandlung mit Psychopharmaka unterlegen,
- mache die Patienten unselbstständig und abhängig,
- mache alles nur noch schlimmer,
- bewirke überhaupt nichts Positives.

Sicherlich hilft nicht jedem jede Behandlung in jeder Situation, die als Psychotherapie bezeichnet wird. Auch gibt es zweifellos unter den Psychotherapeuten die so genannten „schwarzen Schafe“. Aber natürlich gibt es auch sehr viele Menschen, denen eine Psychotherapie dabei geholfen hat, ihre Krankheit in den Griff zu bekommen oder geheilt zu werden.

Wer einen geeigneten, gut ausgebildeten Psychotherapeuten sucht, hat verschiedene Optionen auch abseits des Branchenbuches. Auf diversen Internetseiten von Verbänden und Selbsthilfevereinen (siehe Teil 3: „Nützliche Adressen und Literatur“) gibt es beispielsweise entsprechende Empfehlungen.

Internet-Bewertungsportale als Recherchemöglichkeiten sind problematisch

Eine relativ neue Recherchemöglichkeit sind Internet-Bewertungsportale wie docinsider.de oder helpster.de. Hier können Patienten Kompetenz, Freundlichkeit und Serviceleistungen ihrer Ärzte bewerten und der Bewertung eigene Erfahrungsberichte anfügen. Klingt gut, hat aber einige Haken: Jeder kann eine Bewertung über einen Arzt abgeben, also auch seine Sprechstundenhilfe oder ein missliebiger Konkurrent. Es gibt keine Möglichkeit, den Wahrheitsgehalt zu überprüfen. Dieses Manko fällt besonders ins Gewicht, wenn – wie bei vielen der bewerteten Mediziner – nicht mehr als ein oder zwei Einträge vorhanden sind. Eine andere Frage ist noch, inwieweit Patienten überhaupt die fachliche Kompetenz ihres Therapeuten beurteilen können.

Die gesetzlichen Krankenkassen vermitteln gut ausgebildete Therapeuten

Diese Frage stellt sich bei den Empfehlungen durch die gesetzliche Krankenkasse nicht. Hier wird den Therapiesuchenden garantiert ein fachlich gut ausgebildeter Therapeut empfohlen.

6.2.2 Drei Begriffe – drei Berufsfelder

Wenn Menschen bei seelischen Erkrankungen, Beschwerden, Störungen oder körperlichen und seelischen Problemen Hilfe suchen, steht die Frage im Raum, an wen sie sich am besten wenden können. Bevor wir auf die einzelnen psychotherapeutischen Verfahren eingehen, möchten wir die Begriffe Psychotherapeut, Psychiater, Psychologe kurz definieren, da sie immer wieder verwechselt werden.

Der Psychotherapeut

Die Bezeichnung „Psychotherapeut" ist durch das Psychotherapeutengesetz geschützt

Die Bezeichnung „Psychotherapeut" ist durch das Psychotherapeutengesetz geschützt und darf somit nur von:

- Medizinern (Ärztliche Psychotherapeuten),
- Psychologen (Psychologische Psychotherapeuten) sowie
- Pädagogen (Kinder- und Jugendlichen-Psychotherapeuten)

geführt werden.

Ein Psychotherapeut hat ein Hochschulstudium und eine anschließende Ausbildung zum Psychotherapeuten absolviert. In der Regel wird während der Ausbildung ein spezielles Therapieverfahren wie zum Beispiel Verhaltenstherapie, Psychoanalyse, Tiefenpsychologie oder Gesprächstherapie als Schwerpunkt gewählt.

Der Psychiater

Psychiater haben Medizin studiert und sich während ihres Studiums in erster Linie mit der Funktionsweise und den Erkrankungen des menschlichen Körpers beschäftigt.

Medizinstudium mit einer mehrjährigen Facharztausbildung zum Psychiater

Nach dem Medizinstudium absolvieren sie in medizinischen Einrichtungen eine mehrjährige Facharztausbildung zum Psychiater. In dieser Ausbildung erwerben sie spezielle Kenntnisse – über die körperliche Seite hinaus – über Entstehung und Verlaufsformen von Krankheiten des Geistes und der Seele. Auch lernen sie, diese häufig psychosomatischen Krankheiten zu erkennen und zu behandeln – zumeist mit Medikamenten, den so genannten Psychopharmaka.

Erst eine psychotherapeutische Zusatzausbildung berechtigt einen Psychiater (oder einen anderen Arzt), auch Psychotherapie auszuüben und neben der Facharztbezeichnung (hier: Psychiater) die Zusatzbezeichnung „Psychotherapie" oder „Psychoanalyse" zu führen.

Der Psychologe

Psychologen beschäftigen sich damit, menschliches Erleben (Gedanken und Gefühle) und Verhalten zu beschreiben, zu erklären, vorherzusagen und zu ändern.

Die Berufsbezeichnung „Diplom-Psychologe“ darf nur von Personen geführt werden, die über den Abschluss eines Hochschulstudiums im Fach Psychologie verfügen. Durch das Diplom-Studium erwirbt der Psychologe auf den verschiedenen Gebieten der Psychologie wissenschaftlich gesicherte Erkenntnisse und ein umfangreiches Wissen über menschliches Denken und Fühlen, Lernen und Verhalten und auch darüber, wie man menschliches Verhalten beeinflussen kann.

Abgeschlossenes Hochschulstudium im Fach Psychologie

Nach Abschluss des Psychologiestudiums kann der Psychologe eine dreijährige ganztägige oder eine fünfjährige berufsbegleitende psychotherapeutische Ausbildung absolvieren, die ihn qualifiziert, die Psychotherapie eigenverantwortlich auszuüben. Der so ausgebildete Psychologe erhält die staatliche Berufszulassung (Approbation) als „Psychologischer Psychotherapeut“.

„Psychologischer Psychotherapeut“

Ein Psychologischer Psychotherapeut verwendet keine Medikamente. Sein Behandlungsansatz: Die Patienten mit psychologischen Mitteln dabei zu unterstützen, die psychische Erkrankung zu überwinden, zum Beispiel durch eine bewusste Auseinandersetzung mit ihren Ursachen und/oder durch gezieltes Einüben neuer Verhaltensweisen.

Setzt keine Medikamente ein

Falls eine organische Erkrankung mitbehandelt werden muss, oder wenn bei einer psychischen Erkrankung eine Kombination von psychologischer und medikamentöser Therapie notwendig ist, arbeitet der Psychologische Psychotherapeut mit Ärzten zusammen.

6.2.3 Was ist eine Psychotherapie?

Übersetzt bedeutet Psychotherapie etwa „Behandlung der Seele“. Um die Seele zu behandeln, werden verschiedene Methoden wie psychotherapeutische Gespräche, Entspannungsverfahren oder kognitive Methoden angewendet. Damit sollen psychische Störungen erkannt und nach Möglichkeit beseitigt werden.

Behandlung der Seele

Zu diesen Störungen zählen beispielsweise Depressionen, Ängste, Essstörungen, Zwänge oder psychosomatische Erkrankungen – und natürlich das Burnout-Syndrom. Immer häufiger werden auch psychotherapeutische Maßnahmen als

Ergänzung zur medizinischen Behandlung eingesetzt – zum Beispiel bei chronischen Schmerzen oder Herz-Kreislauf-Erkrankungen.

Für wen ist eine Psychotherapie ratsam?

Wer von seelischen Problemen geplagt wird und zu der Erkenntnis gelangt ist, dass er allein keine Lösung dafür finden kann, sollte sich professionelle Hilfe suchen.

Eine Psychotherapie ist nur sinnvoll, wenn der Betroffene sie bewusst als Problemlösung wählt

Großen Einfluss auf den Therapieerfolg hat zum einen die Eigenwahrnehmung, das heißt: Nimmt der Betroffene sein Leiden als solches wahr? Zum anderen ist die Bereitschaft wichtig, sich einer Psychotherapie zu unterziehen. Je größer die Motivation ist, sich mit seinen Problemen auseinanderzusetzen und daran zu arbeiten, desto besser sind die Aussichten auf eine erfolgreiche Therapie.

Eine ambulante Psychotherapie setzt stets eine gewisse körperliche und geistige Stabilität des Betroffenen voraus. So wird etwa eine Suchttherapie bei alkoholabhängigen Patienten erst nach einer stationären Entgiftung und Entwöhnung durchgeführt. Auch suizidgefährdete Patienten werden zunächst während eines Klinikaufenthaltes stabilisiert, bevor sie eine ambulante Psychotherapie beginnen. Bei einem Burnout kann die Psychotherapie sowohl ambulant als auch stationär durchgeführt werden. Was ratsam ist, entscheidet der Betroffene meist mit seinem behandelnden Arzt gemeinsam.

Welche Verfahren gibt es?

Von den gesetzlichen Krankenkassen anerkannte Therapieformen

Im Folgenden stellen wir die am weitesten verbreiteten Psychotherapieformen kurz vor. Von den gesetzlichen Krankenkassen werden zurzeit die Kosten für drei Verfahren erstattet:

- die Verhaltenstherapie,
- die analytische Psychotherapie sowie
- die tiefenpsychologisch fundierte Psychotherapie.

So sehen es die entsprechenden Richtlinien des Bundesausschusses der Ärzte und Krankenkassen vor. Die Wirksamkeit dieser drei Therapieformen konnte in wissenschaftlichen Studien in einem ausreichenden Maße nachgewiesen werden.

Die Verhaltenstherapie

Grundlage dieser Therapieform: Menschen erlernen im Laufe ihres Lebens durch persönliche Erfahrungen oder Nachahmung bestimmte Denk- und Verhaltensmuster. Eine psychische Krankheit entsteht dann, wenn die erlernten Muster problematisch und negativ sind, wenn sie (beim Betroffenen oder seiner Umgebung) Leidensdruck verursachen.

Durch Nachahmung oder Lernprozesse erworbene Denk- und Verhaltensmuster

Ein Beispiel hierfür könnte die Behandlung eines essgestörten Patienten sein, der in extrem schlanken Menschen sein Vorbild und Ideal sieht. Seine Auffassung: Je schlanker jemand ist, desto beliebter ist er auch. Deshalb strebt er danach, genau diesem Ideal zu entsprechen und hat Angst vor einer Gewichtszunahme. So kann ihn letztlich sein Wunsch nach sozialer Anerkennung in die Magersucht treiben.

Das Ziel der Verhaltenstherapie könnte nun sein: Der Patient soll erkennen, dass sein Ideal durchaus nicht „ideal" ist und er soll lernen, sein eingeübtes Denkmuster zu durchbrechen.

Bei der Verhaltenstherapie wird zuerst untersucht, unter welchen Bedingungen das Problem beim Betroffenen auftritt. Dann erarbeitet der Psychotherapeut gemeinsam mit dem Patienten neue Verhaltensmuster, die der Patient mithilfe verschiedener Methoden einübt.

Die Therapie arbeitet mit Entspannungsverfahren zum Abbau von Angst und mit Belohnung zur Verstärkung des erwünschten Verhaltens. Ziel ist, die sich negativ auswirkenden Muster durch positiv wirkende zu ersetzen. Für diese Lernschritte ist es nicht (unbedingt) nötig, die gesamte Biografie aufzuarbeiten.

Ziel ist, die sich negativ auswirkenden Muster durch positiv wirkende zu ersetzen

Analytische Psychotherapie

Vertreter dieser Therapieform sehen in psychischen Beschwerden einen Ausdruck unbewusster Konflikte, die durch Fehlentwicklungen oder traumatische Erfahrungen während der Kindheit verursacht wurden. Um diese Zusammenhänge bewusst zu machen und sie schließlich zu überwinden, wird der Patient während der Therapie gedanklich in seine Kindheit zurückversetzt.

Psychische Beschwerden als Ausdruck traumatischer Kindheitserfahrungen

Der Therapeut verhält sich neutral, um als Projektionsfläche für die Emotionen des Patienten dienen zu können – er ist sozusagen die Leinwand für den Diaprojektor/Patienten. So kann der Betroffene seine Gefühle, Ängste, Gedanken auf den Therapeuten übertragen, der so in der Lage ist, diese Emotionen diagnostisch und therapeutisch zu verwerten.

Damit die psychoanalytische Therapie erfolgreich sein kann, muss der Patient die Fähigkeit und die Bereitschaft zur Selbstanalyse mitbringen.

Tiefenpsychologisch fundierte Psychotherapie

Klärung eines Problems durch Aufarbeitung biografischer Erfahrungen

Diese Psychotherapieform hat sich aus der analytischen Psychotherapie entwickelt. Auch bei der tiefenpsychologisch fundierten Psychotherapie wird davon ausgegangen, dass den aktuellen Problemen ein Konflikt zugrunde liegt, der wesentlich von Beziehungserfahrungen in der Kindheit und Jugend geprägt wurde. Allerdings versetzt sie den Patienten nicht in die kindliche Rolle zurück. Im Vordergrund steht die Bewältigung des aktuellen Konflikts, der auch in Bezug zu biografischen Erfahrungen gesetzt wird.

Der Patient soll durch Einsichten in Zusammenhänge und Ursachen seiner Probleme Veränderungen in seinem Erleben oder Verhalten anstreben, wobei ihn der Psychotherapeut aktiv unterstützt.

Weitere Therapieformen

Verfahren, deren Kosten die Krankenkassen in der Regel nicht erstatten

Neben diesen drei anerkannten Verfahren gibt es weitere Therapieformen, bei denen die Krankenkassen die Kosten in der Regel aber nicht erstatten. Was nicht bedeutet, dass diese Therapien nicht wirksam sind, sondern dass ihre Wirksamkeit (noch) nicht mit entsprechenden wissenschaftlichen Studien untermauert ist. Oder dass sie die Hürde des relativ komplizierten Richtlinienverfahrens zwischen Ärzten und Krankenkassen nicht genommen haben.

Gesprächspsychotherapie (nach Rogers)

Diese Therapieform wird als „klientenzentriert“ bezeichnet. Im Vordergrund steht der Mensch als Ganzes in seinem Lebensumfeld, nicht bloß die Symptomatik oder die Entwicklungsgeschichte des Patienten.

Der Therapeut hilft, gelerntes Fehlverhalten zu erkennen und zu „entlernen“

Der Gesprächspsychotherapie liegt ein Menschenbild zugrunde, nach dem jeder Mensch nach Selbstverwirklichung strebt und somit die Motivation und den Antrieb, an seinen Problemen zu arbeiten bereits in sich trägt. Insgesamt ist diese Methode „pragmatischer“ als die tiefenpsychologischen Therapien. Der Therapeut hilft dem Betroffenen, sein gelerntes Fehlverhalten zu erkennen und zu „entlernen“.

Grundlage der Gesprächspsychotherapie sind drei Variablen, die das Verhalten des Therapeuten beschreiben: Eine emphatische Haltung gegenüber dem Klienten, Echtheit des Psychotherapeuten (er tritt nicht nur als Fachperson auf, sondern auch als Mensch) sowie eine wertungsfreie Akzeptanz des Patienten und seiner Probleme.

Gestalttherapie (nach Perls)

Die Gestalttherapie gehört ebenfalls zu den humanistischen Psychotherapieformen. Auch hier wird davon ausgegangen, dass der Mensch im Grunde zum Guten und Ganzheitlichen strebt. Der Patient wird bei dieser Methode mit unvollständig verarbeiteten Erfahrungen oder unterdrückten Bedürfnissen konfrontiert, wobei sich die Therapie auf den Zustand des Patienten im Hier und Jetzt konzentriert.

Die Therapie konzentriert sich auf den Zustand des Patienten im Hier und Jetzt

Der Psychotherapeut versucht, den Betroffenen zu motivieren und dabei zu unterstützen, sich seinen Problemen zu stellen und Verantwortung für die eigenen Handlungen zu übernehmen. Ziel der Gestalttherapie ist die Entwicklung des Patienten zu einem ganzheitlichen Individuum, dem alle Teile seiner Persönlichkeit, seine Gefühle und Bedürfnisse bewusst sind.

Systemische Therapie

Es gibt verschiedene Formen der systemischen Therapie, die alle eine Gemeinsamkeit haben: Sie konzentrieren sich bei der Behandlung nicht allein auf den einzelnen Patienten, sondern beziehen auch die wichtigsten Bezugspersonen mit ein, wie etwa die Familie und das sonstige Umfeld des Patienten. Eine psychische Erkrankung wird als ein Symptom für eine Störung im Verhaltens- und Kommunikationsmuster des „Systems" gesehen, das heißt in der Familie oder auch im weiteren Umfeld.

Die Behandlung bezieht das soziale Umfeld des Patienten mit ein

Der Psychotherapeut wird zum einen versuchen, diese Störungen im System zu identifizieren und zum anderen, mit dem Patienten Lösungsmöglichkeiten erarbeiten.

Ein Beispiel für eine systemische Intervention ist die so genannte paradoxe Verschreibung. Hier wird der Patient aufgefordert, sein problematisches Verhalten beizubehalten statt zu bekämpfen, da es wichtig für die Aufrechterhaltung der vorliegenden Familienstrukturen sei. Dadurch werden die einzelnen Familienmitglieder gezwungen, sich mit ihrem Beitrag und ihrer Reaktion auf das zentrale Problem auseinanderzusetzen.

6.2.4 Die Psychotherapie beim Burnout-Syndrom

Das Angebot an Therapien für Burnout-Erkrankte ist enorm: Psychologen, Physio- und Psychotherapeuten, Ärzte, Anti-Stress-Trainer und Wellness-Gurus haben den Burnout-Markt für sich entdeckt. Nicht immer ist es leicht, die Spreu vom Weizen zu trennen.

Bei einem schweren Burnout empfehlen Mediziner immer eine Psychotherapie. In jedem Fall ist die Burnout-Psychotherapie ein Prozess, der sich über ein halbes bis anderthalb Jahre hinziehen kann.

In sieben Schritten zur erfolgreichen Therapie

Wie bereits erwähnt, zahlen die gesetzlichen Krankenkassen eine Psychotherapie nur bei approbierten ärztlichen oder psychologischen Psychotherapeuten, private Krankenversicherungen teilweise auch bei Heilpraktikern.

Sind Betroffene sich nicht sicher, ob sie eine Psychotherapie benötigen oder möchten eine zweite Meinung einholen, können sie öffentliche Beratungsstellen aufsuchen. Einige dieser Stellen verfügen auch über Adressen von Therapeuten.

Erster Schritt: Gut vorbereiten

Machen Sie sich Notizen darüber, was Sie wissen möchten

Machen Sie sich vor dem ersten Telefonat mit dem Therapeuten Notizen darüber, was Sie wissen möchten:

- Hat der Therapeut die gesetzlichen Voraussetzungen zur Ausübung seines Berufes erfüllt? Trägt er also die Bezeichnung Psychologischer Therapeut, Ärztlicher Psychotherapeut oder Kinder- und Jugendtherapeut?
- Nach welcher Methode arbeitet der Therapeut?
- Haben Sie das Gefühl, dass diese Methode gut für Sie ist? Verfügt der Therapeut über Erfahrungen bezüglich Ihres Problems?

Achten Sie dabei auch auf Ihr Bauchgefühl. Fühlen Sie sich ausreichend informiert und respektvoll behandelt? Nur wenn Sie einen positiven Eindruck haben, sollten Sie ein persönliches Treffen vereinbaren.

ZWEITER SCHRITT: PERSÖNLICHES KENNENLERNEN

Sprechen Sie Bedenken unmittelbar aus

Bei diesem ersten Treffen müssen Sie nicht sofort alles auf den Tisch legen. Sie sollten dem Therapeuten sagen, was Sie sich von der Therapie wünschen. Und haben Sie Bedenken, sollten Sie diese auch unbedingt nennen.

DRITTER SCHRITT: SCHLAFEN SIE EINE NACHT DARÜBER

Sie müssen sich erst nach fünf Probesitzungen entscheiden

Bevor Sie einen weiteren Termin mit dem Therapeuten vereinbaren, sollten Sie eine Nacht darüber schlafen, um das erste Gespräch verarbeiten zu können. Außerdem müssen Sie sich erst nach fünf Sitzungen für den Therapeuten entscheiden. Nutzen Sie diese Möglichkeit für sich.

VIERTER SCHRITT: PRÜFEN SIE IHREN THERAPEUTEN

Bevor Sie sich endgültig für einen Therapeuten entscheiden, sollten Sie folgende Fragen mit „Ja“ beantworten können:

- Fühlen Sie sich von Ihrem Therapeuten ernst genommen?
- Nimmt der Therapeut Ihre Probleme ernst?
- Können Sie alles sagen, ohne zurechtgewiesen zu werden?
- Haben Sie vom Therapeuten den Freiraum bekommen, sich auch gegen die Therapie entscheiden zu können?
- Lässt sich die Therapie problemlos in Ihren Alltag integrieren?

FÜNFTER SCHRITT: „STATUS QUO“ KLÄREN

Die Diagnose muss eindeutig abgesichert werden

Am Anfang der Therapie sollte der Therapeut mit Ihnen ein langes Gespräch führen, um überhaupt eine Diagnose stellen zu können:

- Leiden Sie wirklich unter einem Burnout?
- Falls ja, in welcher Phase befinden Sie sich?
- Ist ein deutlicher Leidensdruck vorhanden?
- Haben Sie körperliche Beschwerden?

SECHSTER SCHRITT: KRANKHEITSVORGESCHICHTE EINBEZIEHEN

Die individuellen Rahmenbedingungen abklären

Wichtig ist auch, Ihre Krankheitsvorgeschichte einzubeziehen. Ihre charakteristischen Züge sollten ebenso Thema sein wie Ihre beruflichen Erwartungen und Ihre persönlichen Methoden, Stress zu verarbeiten.

Ebenso muss Ihr Arbeitsplatz einbezogen werden: Können Sie Ihre typischen Stressauslöser benennen? Fühlen Sie sich von Zielvereinbarungen, Weiterbildungsnotwendigkeiten oder bürokratischen Hindernissen belastet? Wie hat sich das Burnout-Syndrom im Laufe Ihrer Berufstätigkeit entwickelt?

SIEBTER SCHRITT: VERHALTENSTIPPS

Verhaltenstipps, wie die aktuelle Situation am besten zu bewältigen ist

Auf Verhaltenstipps sollte in der Therapie nicht verzichtet werden. Diese Tipps sollten jedoch mit dem Betroffenen zusammen erarbeitet werden und nicht vom Therapeuten vorgegeben werden:

- Wie finden Sie einen erholsamen Schlaf?
- Wie können Sie sich gegenüber dem Unternehmen besser durchsetzen?

Sie sollten sich klarmachen, wo Ihre Grenzen sind, was Sie von Ihrem Job erwarten. Sie können von einem großen Therapieerfolg sprechen, wenn Sie dieses Ziel erreicht haben.

Schnell zurück ins Arbeitsleben?

Je länger ein Patient zuhause bleibt, desto größer die Probleme, wieder ins Arbeitsleben zu finden

Viele Psychologen halten es für kontraproduktiv, Burnout-Patienten lange Zeit krankzuschreiben. Je länger ein Patient krank zuhause bleibt, umso größer wird seine Angst, wieder ins Arbeitsleben einzusteigen und dabei nicht wieder Fuß zu fassen. Gemäß einer Studie an der Psychiatrischen Universitätsklinik Zürich ist es allerdings möglich, Menschen mit schweren psychischen Erkrankungen wieder in die Wirtschaft einzugliedern, wenn sie dabei professionell unterstützt werden.

Diese Unterstützung erhalten Betroffene beispielsweise von Karriere-Coaches, die ihnen beim Wiedereinstieg in den Job Hilfestellung geben (siehe Kapitel 7: „So hilft der Karriere-Coach“).

Spezialisierte Kliniken

Viele Betroffene zahlen ihre Behandlung in spezialisierten Privatkliniken aus eigener Tasche. Andere werden offiziell unter einer verwandten Diagnose eingeliefert: affektive Störungen (vor allem Depressionen) oder neurotische Belastungsstörungen.

Mechanismen zur Stressbewältigung entwickeln

Die Behandlung dauert rund sechs Wochen und umfasst Einzel- und Gruppentherapie, Bewegungs-, Kreativ- und Genusstraining. Es geht darum, Mechanismen zur Stressbewältigung zu entwickeln. Betroffene, die in der Regel einen hohen

Leistungsanspruch haben, müssen lernen zu entspannen, sich einen Ausgleich zu schaffen. Sie müssen erkennen lernen, wann ihre „Ampel“ auf Gelb steht.

Betroffene in Kliniken gestehen sich meist schnell ein, dass es mit ein paar Tagen Erholung und ausgedehnten Spaziergängen nicht getan ist. Sie bleiben meist einige Wochen, lassen ihr Handy ausgeschaltet, verzichten auf Fernsehen, Radio und Tageszeitungen, trinken nur Wasser und Tee, absolvieren Einzel- und Gruppentherapien.

Nürnberger Klinikum geht neuen Weg

Eigene Therapie-Gruppe für Burnout-Patienten

Seit Anfang 2008 gibt es am Nürnberger Klinikum eine eigene Therapie-Gruppe für Burnout-Patienten. Vier bis sechs Wochen lang besuchen die Patienten entweder von morgens bis abends die Tagesklinik oder sie lassen sich stationär aufnehmen.

Bisher wurde das Burnout-Syndrom zusammen mit anderen psychischen Erkrankungen behandelt. Die Nürnberger Klinik konzentriert sich nun aber auf die wachsende Zahl der ausgebrannten und völlig erschöpften Menschen. Durch die zunehmenden Arbeitsbelastungen und die wachsende Angst vor Arbeitslosigkeit wächst die Zahl der Burnout-Patienten stetig. Deshalb hat das Nürnberger Klinikum diese eigene Gruppe begründet, die aus sechs bis acht Patienten mit ähnlichen Problemen besteht.

In der Gruppe können die Betroffenen voneinander lernen und erkennen beim anderen, was sie bei sich selber noch nicht sehen konnten. Die Gruppentherapie wird mit Einzeltherapien kombiniert.

Die Patienten leiden alle unter einer sehr großen Erschöpfung. Deshalb sind autogenes Training und Stressmanagement Teil der Therapie. Aber auch kreatives Gestalten, Malen und Meditation sollen den Betroffenen helfen, den Alltag loszulassen und neue Kraft zu schöpfen.

Zum Programm zählen unter anderem die Tiefenpsychologische Therapie, Entspannungstechniken und ein Stressmanagement-Training.

Die Psychotherapie soll helfen, die Leistungsfähigkeit besser einzuschätzen, damit künftige Überforderungen verringert werden. Die große Herausforderung besteht darin, die erarbeiteten Hilfen in den Alltag einzubauen.

6.2.5 Neues Feld: Psychotherapie im Internet

Die Panorama-Fachkliniken Scheidegg liegen „fernab" im Allgäu und haben es somit oft schwer, nach der Behandlung den Kontakt zu den Patienten zu halten. Dabei ist gerade die Versorgung nach dem Klinikaufenthalt für Patienten wichtig, denn in den ersten sechs Monaten ist die Rückfallquote am höchsten.

Nachsorge über einen Chatroom im Internet

Da ambulante Psychotherapeuten rar gesät sind und meist lange Wartelisten existieren, entschloss sich die Klinikleitung, einen Chatroom im Internet einzurichten. Nach einer stationären Behandlung tauschen sich dort Patienten unter Begleitung eines Therapeuten aus: Wenn sie sich von zuhause aus in den Chat einloggen, füllen sie zuerst Fragebögen aus, damit sich der Therapeut ein Bild von ihrer seelischen Lage machen kann. Außerdem erhält der Therapeut Warnhinweise, wenn der jeweilige Patient sich zu lange nicht geäußert hat. So kann der Therapeut seine Aufmerksamkeit auf stille, möglicherweise rückfallgefährdete Teilnehmer richten.

Die Erfahrungen mit der neuen, vergleichsweise unpersönlichen Nachsorgeform überraschten selbst die Therapeuten. Die Offenheit der Teilnehmer ist erstaunlich. Sie schildern im Chat sogar negative Erfahrungen, die während des stationären Aufenthalts nicht thematisiert wurden. Dank der ordnenden Kraft des Schreibens berichten sie im Chat häufig sogar differenzierter über ihre Probleme.

Und: Jeder Teilnehmer wird beim Verlassen des Chats nach seiner Stabilität gefragt. Gibt jemand an, Suizidgedanken zu haben, wird der Therapeut per E-Mail benachrichtigt. Er kann dann persönlich mit dem Teilnehmer telefonieren oder einen Notfalltherapeuten vor Ort alarmieren.

Der Chat konnte eine fehlende ambulante Nachsorge auffangen

Die Forschungsstelle für Psychotherapie, die die Internetbrücke wissenschaftlich begleitet, hat dazu Zahlen veröffentlicht: Durch den Chat konnte eine fehlende ambulante Nachsorge aufgefangen werden. Patienten, die an dem Chat teilnahmen, zeigten noch nach einem Jahr weniger Symptome und Rückfälle als Patienten ohne Nachsorge.

Das überzeugte auch die Techniker Krankenkasse, die den Chat als reguläre Leistung für Patienten übernimmt – und auch andere Kassen öffnen sich. Ein neuer Horizont scheint sich aufzutun: das Internet als Alternative in der therapeutischen Nachsorge. Ob es auch ein eigenständiges therapeutisches

Werkzeug ohne vorherige Behandlung sein kann, ist strittig, denn die persönliche Beziehung zwischen Therapeut und Patient ist sehr wichtig. Eine kurzfristige Beratung und eine begleitende Nachsorge über das Internet scheinen aber sinnvoll.

Die persönliche Beziehung zwischen Therapeut und Patient kann nicht ersetzt werden

„Interapy" – in den Niederlanden etabliert

In den Niederlanden hat sich seit zehn Jahren die so genannte „Interapy" etabliert. Das Burnout-Syndrom ist mittlerweile ein klassisches Behandlungsobjekt für Interapy. Vor allem bei posttraumatischen Belastungsstörungen wird die Behandlung angewendet, die ausschließlich im Internet abläuft: Nach einer Onlinevoruntersuchung beschreibt der Patient seine Erfahrungen. Der Therapeut antwortet per Mail und gibt Anweisungen für die weitere Auseinandersetzung. Der Patient soll so seine traumatischen Erfahrungen Schritt für Schritt neu einordnen. Niederländische Krankenkassen übernehmen die Kosten.

Eine Behandlung, die ausschließlich im Internet stattfindet

Gewöhnlich finden die Sitzungen zwei Mal pro Woche statt, häufiger also als bei einer klassischen Therapie. Dafür ist die Internetbehandlung in der Regel kürzer: Bei Burnout-Patienten beträgt die Therapiedauer im Schnitt zwölf Wochen.

Befragungen von Interapy-Patienten nach der Behandlung führen zu zwei bemerkenswerten Ergebnissen: Die positive Wirkung der „virtuellen Couch" scheint auch nach Monaten anzuhalten. Und: Über 70 Prozent der Befragten gaben an, die Beziehung zu ihrem Webberater als „persönlich" empfunden zu haben.

Die Niederländer sind mit Interapy am weitesten. Doch auch in anderen Ländern zeigt man sich aufgeschlossen gegenüber der Idee, das Medium Internet als (ergänzendes) Therapieinstrument zu benutzen. In den USA, in Schweden und bei unseren Nachbarn aus der Schweiz werden entsprechende Konzepte entwickelt.

In Deutschland hingegen wird dieser neuen Therapieform eher mit Skepsis begegnet. Tastatur und Bildschirm können die klassische Face-to-Face-Therapie nicht vollständig ersetzen, sagen Zweifler.

Nichtsdestotrotz wurde Interapy von der Uni Trier evaluiert: Auch nach über einem Jahr zeigte sich eine Verringerung der traumabedingten Symptome. Interapy sollte aber nicht als Ersatz, sondern nur als Ergänzung zur Psychotherapie gesehen werden.

Für wen eignet sich diese anonyme Form der therapeutischen Behandlung?

Die „virtuelle Couch" kann Hemmschwellen mindern

Traumata haben sehr viel mit Scham, Schuld, Angst zu tun. Und das hindert viele daran, überhaupt eine persönliche Therapie zu beginnen. Mit Interapy erreicht man gerade diese Personen. Nicht für jeden ist Interapy allerdings geeignet. Ausschlusskriterien sind beispielsweise schwere Psychosen (mit Wahnvorstellungen oder Halluzinationen) und schwerer Alkohol- und Drogenmissbrauch. Auch Menschen mit Suizidgedanken können nicht mit Interapy behandelt werden.

Auch wenn in Deutschland bis jetzt keine Krankenkasse Interapy unterstützt, ist es für viele Psychologen nur eine Frage der Zeit, bis sich das Gesundheitswesen weiter für Internetangebote öffnet.

Eine Webtherapie hat den Vorteil, dass körperbehinderte, beruflich stark eingespannte oder in Heimen und Haftanstalten untergebrachte Menschen (besser) erreicht werden. Zudem kann der Therapeut seine Patienten im Alltag begleiten.

Auch in Scheidegg glaubt man an eine psychotherapeutische Zukunft, in der das Internet ein fester Bestandteil sein wird: Die Generation, die mit dem Internet aufgewachsen ist, kommt ja jetzt erst in Behandlung.

6.2.6 Wenn die Therapie krank macht

Nach diesen positiven Entwicklungen und innovativen Ansätzen möchten wir zum Schluss dieses Kapitels auch die Schattenseiten nicht verschweigen. Dass eine Psychotherapie nicht in jedem Fall tatsächlich wirksam ist, ist das eine.

Fünf bis zehn Prozent aller kassenfinanzierten Therapien sollen mehr schaden als nützen

Weitaus schlimmer: Die Hamburger Verbraucherzentrale schätzt, dass fünf bis zehn Prozent aller kassenfinanzierten Therapien mehr schaden als nützen. Und diesen Wert hält die Patientenbeauftragte der Bundesregierung, Helga Kühn-Mengel, noch für zu niedrig angesetzt: Sie hält sogar zehn bis zwanzig Prozent für realistisch.

In der Natur der Psychotherapie liegt es, dass es einem Patienten phasenweise auch mal schlechter geht. Das sollte jedoch nur eine Phase sein. Nach fünf bis maximal zehn Therapiestunden sollte der Patient merken, dass ihm die Therapie hilft. Sonst läuft etwas schief.

Der Therapeut darf sich nicht in den Mittelpunkt stellen

Das ist zum Beispiel der Fall, wenn der Therapeut nicht mehr die Bedürfnisse des Patienten in den Mittelpunkt der Therapie stellt, sondern seine eigenen. Wenn er etwa sein Bedürfnis nach Bewunderung und Gehorsam auszuleben gedenkt und den Patienten als seinen Jünger instrumentalisiert.

Schlechte Therapeuten

- stellen falsche Diagnosen und halten daran fest, obwohl der Patient protestiert,
- verkaufen ihre jeweilige Methode als die einzig richtige,
- ziehen Therapien künstlich in die Länge, weil sie das Honorar brauchen,
- brechen die Behandlung von heute auf morgen ab,
- füllen die Stunden mit ihren eigenen Problemen,
- schlafen während der Therapie ein,
- lassen Patienten für sich arbeiten,
- stellen Patienten in der Gruppentherapie vor anderen bloß.

Solche Fälle gibt es leider immer wieder, auch wenn sie natürlich nicht der Normalfall sind. Die therapeutische Beziehung ist nicht Beiwerk, sondern Hauptwirkstoff, der heilen soll. Wenn ein Patient dann ausgerechnet von der Vertrauensperson Therapeut verletzt wird, kann ihn das retraumatisieren. Derart geschwächt schaffen es viele Patienten dann nicht mehr zu gehen. Ganz im Gegenteil: Sie suchen die Schuld für das Scheitern der Therapie nur bei sich und schämen sich meist sogar vor Freunden und Familienangehörigen.

Selbst wenn der Patient zu der destruktiven Beziehung beiträgt oder sehr schwierig ist, liegt die Verantwortung für einen Fehler immer beim Therapeuten. Um mit schwierigen Patienten professionell umzugehen, wird der Psychotherapeut bezahlt.

Der Patient als Partner des Arztes

Eine wichtige Rolle auf dem Weg zur Gesundwerdung spielt – auch für Burnout-Betroffene oder Depressionspatienten – die so genannte Compliance. Darunter versteht man die Bereit-

Bereitschaft des Patienten, den Anweisungen oder Empfehlungen des Arztes zu folgen

schaft des Patienten, den Anweisungen oder Empfehlungen des Arztes zu folgen. Besonders bei psychisch kranken Menschen hapert es jedoch häufig genau daran, beispielsweise weil die Patienten nicht richtig nachvollziehen können, warum es so wichtig ist, ein bestimmtes Medikament regelmäßig und in der vom Arzt verordneten Dosis einzunehmen.

Ein wichtiger Grund für diese mangelnde Einsichtsfähigkeit: Zwischen Arzt und Patient besteht eine zu große Wissenskluft bei den entscheidenden medizinischen Fragen. Wie wirkt ein Medikament? Was verändert sich dadurch in meinem Körper? Was passiert, wenn ich die Tablette mal nicht nehme? Der Arzt kennt die Antworten auf diese Fragen, hat aber oft nicht genug Zeit, diese ausführlich zu erläutern. Und oft genug schlummern die Fragen auch noch im Patienten und dringen erst in sein Bewusstsein, wenn er die Arztpraxis wieder verlassen hat.

Projektmodell

Die Universitätsklinik Freiburg hat mit der Techniker Krankenkasse und dem Medizin-Software-Entwickler Gaia ein Internetprojekt entwickelt, den so genannten Patientendialog, mit dem dafür gesorgt werden soll, dass neben dem Arzt auch die Patienten an die nötigen Informationen über ihre Erkrankung, gängige Therapien und mögliche Alternativen gelangen.

Vermittlung von Hintergrundwissen im Dialog zwischen dem Patienten und einem virtuellen Experten

Das internetbasierte Programm simuliert einen Dialog zwischen dem Patienten und einem virtuellen Experten, wobei der Nutzer – wie beim Multiple-Choice-Test – zwischen verschiedenen vorgegebenen Antwortmöglichkeiten auswählen kann. Ziel des Patientendialogs ist, den Patienten mit genügend Hintergrundwissen auszustatten, damit schließlich Arzt und Patient eine gemeinsame Entscheidung darüber treffen können, welcher Therapieweg der richtige ist. Denn ein Patient, der an einer Entscheidung mitbeteiligt ist, wird eher dazu bereit sein, entsprechend mitzuarbeiten – so jedenfalls die Theorie, die dahintersteckt. Inwieweit das auch für die Praxis gilt, wird derzeit von den Freiburger Wissenschaftlern evaluiert.

Was tun bei einer falschen Behandlung?

Wer mit seiner Therapie, seinem Therapeuten unzufrieden ist, sollte unbedingt handeln. Dazu können Betroffene sich an die

Bundesärztekammer oder an die Beschwerdestelle der Bundespsychotherapeutenkammer wenden (siehe Teil 3: „Nützliche Adressen und Literatur"). Diese Kammern prüfen dann, ob ein Fehler vorliegt. Viele Kammern verfügen auch über eigene Schlichtungsstellen.

Bei leichteren Vergehen sprechen die Kammern meist eine Rüge aus oder verhängen ein Bußgeld. Schwerere Vergehen kommen vor die Berufsgerichte oder sie werden an die Staatsanwaltschaft weitergeleitet. Als Höchststrafe droht das Berufsverbot.

Bevor Betroffene jedoch diesen Schritt gehen, sollten sie sich gut vorbereiten. Ratsam ist es, sich an die Verbraucherzentrale oder die Patientenbeauftragte der Bundesregierung zu wenden. Auch viele gesetzliche Krankenkassen verfügen über Beschwerdestellen, die vor dem Gang zur Kammer kontaktiert werden können.

7 So hilft der Karriere-Coach

Unternehmen trennen sich heute leichter als noch vor zwanzig Jahren von ihren Mitarbeitern – sie wollen es, sie können es und sie machen es auch. Arbeitnehmer verhalten sich aber mittlerweile ähnlich.

Früher war es die Regel, ein ganzes Berufsleben bei einem Arbeitgeber beschäftigt zu sein, bei dem oft auch Vorgänger- oder Nachfolgegenerationen arbeiteten. So konnte man etwa hören: *„Mein Großvater war beim Daimler, mein Vater war beim Daimler, mein Sohn ist beim Daimler."* Diese Generationenbindung an ein Unternehmen gibt es nicht mehr.

Es ist nicht mehr ungewöhnlich, häufig den Arbeitsplatz zu wechseln

Das Arbeitsverhalten in Deutschland hat sich ein Stück weit amerikanisiert: Es ist nicht mehr ungewöhnlich, häufig den Arbeitsplatz zu wechseln. Arbeitnehmer in Deutschland sind gezwungen, unbefangener mit Arbeitsplatzwechseln umzugehen – und tun es mittlerweile zum Teil auch. Der Arbeitsplatzverlust oder -wechsel wird nicht mehr so verteufelt wie früher, was auch dazu führt, dass es ein Denken in Kategorien wie Schuld kaum noch gibt. Es wird normaler, Dinge loszulassen und sich auf etwas Neues einzulassen.

Dieser Trend auf dem deutschen Arbeitsmarkt hat den Vorteil, dass eine Trennung für Arbeitnehmer nicht mehr so schmerzhaft wird. Schmerzhaft wird es erst, wenn Mitarbeiter anfangen, sich an etwas zu klammern, was nicht mehr da ist. Dann entstehen Effekte, die den betroffenen Mitarbeiter krank machen: Er kann die Situation nicht aufhalten, klammert sich aber immer mehr an den Job, was zu immer stärkeren Schmerzen führt.

Wenn ein Unternehmen entscheidet, sich von einem Mitarbeiter zu trennen, ist das eine Realität, die es zu akzeptieren gilt. Das heißt aber nicht, dass man sie gutheißen muss. Der betroffene Mitarbeiter sollte sich deshalb weniger an den Arbeitsplatz klammern, sondern sich eher fragen: *„Welche Einflussmöglichkeiten habe ich als Arbeitnehmer tatsächlich?"*

7.1 Jobängste

Faktor Selbstverantwortung

Ein guter Coach würde einem Mitarbeiter, der „aufgefordert" wurde, das Unternehmen zu verlassen, niemals dazu raten, um seinen Arbeitsplatz zu kämpfen. Er würde ihn stattdessen viel eher darin unterstützen, für sich selbst zu sorgen. Nach der Maxime: Es gibt freie Jobs. Mitarbeiter müssen „nur" lernen, wieder mehr Verantwortung für sich selbst zu übernehmen.

Mitarbeiter müssen ihre Eigenverantwortung wahrnehmen

Dann haben sie die besten Chancen, für sich selber zu kämpfen. Sie dürfen und sollten sich nicht auf ihren Arbeitgeber verlassen und müssen Antworten finden auf Fragen wie:

- Welche Ziele habe ich?
- Was will ich in meinem Leben überhaupt machen?
- Wie kann ich die Ziele erreichen?
- Welche Strategien kann ich entwickeln?

Faktor Abgrenzung

Burnout hat immer etwas mit der Unfähigkeit zu tun, sich abgrenzen zu können. Diese Abgrenzungsfunktion ist gewissermaßen außer Kraft, wenn Betroffene zwischen dem beruflichen und dem privaten Leben keine Grenze mehr ziehen können. Häufig klammern sie sich an ihren Arbeitsplatz, verausgaben sich auf Kosten ihrer Gesundheit, weil sie denken: Ich darf auf keinen Fall meinen Job verlieren! Denn schließlich haben sie Familie und finanzielle Verpflichtungen, außerdem sind sie doch auf Leistung gepolt.

BESCHÄFTIGTE, BEI DENEN DIE ABGRENZUNGSFUNKTION „ABGESCHALTET" IST

- sind tendenziell eher gehemmt,
- treten häufig nicht mehr offen und loyal auf,
- spielen eine „Rolle",
- verwenden immer mehr Energie darauf, sich zu schützen,
- wollen nicht auffallen,
- wollen ihren „Status quo" nicht verlieren.

Diese Haltung hilft allerdings weder dem betroffenen Mitarbeiter noch dem Unternehmen. Die Grenze fängt an, sich zu verwischen. Diese Arbeitnehmer unterscheiden nicht mehr zwischen Job und Freizeit.

Faktor Ungewissheit

Was Mitarbeiter stark belastet, ist die Ungewissheit. Menschen vertragen schlechte Nachrichten, aber keine Ungewiss-

Schlechte Nachrichten sind leichter zu bewältigen als permanente Ungewissheit

heit. Wer erfährt, dass er zu einer Gruppe von Mitarbeitern gehört, denen gekündigt werden soll, den wird diese Nachricht zwar hart treffen, sie gibt ihm aber auch die Möglichkeit, einen klaren Schnitt zu machen und neue Pläne zu entwickeln. Wer lediglich von geplanten Entlassungen weiß, jedoch nicht, ob er selbst davon betroffen ist, weil Mitarbeiter zum Beispiel monatelang hingehalten werden, kann überhaupt nichts planen. Diese schwebende Belastung – *„Bin ich dabei? Bin ich nicht dabei?“* – ist für viele kaum zu ertragen. Sie bekommen zunehmend das Gefühl, dass sie ohnmächtig sind – ohne Macht. Dass sie von außen „gestaltet“ werden. Es handelt sich um eine der schlimmsten Situationen, die einem Mitarbeiter überhaupt zustoßen können.

Ist es hier nicht der naheliegendste Gedanke, sich mit der Bitte um Unterstützung an die direkte Führungskraft zu wenden? Das mag schon sein. Es wird aber in den meisten Fällen nichts nützen.

7.2 Warum Führungskräfte in Trennungssituationen oft keine Hilfe sind

Viele Führungskräfte können mit Trennungssituationen nicht umgehen. Sie lieben es, Dinge zu kontrollieren. Und sie haben das Gefühl, dass sie in Trennungssituationen keine Kontrolle haben: Sie haben Angst vor der Emotion des betroffenen Mitarbeiters. Sie haben Angst davor, dass dieser Mitarbeiter anfängt zu weinen. Sie denken, dass sie dann Verlierer sind. Und Führungskräfte mögen keine Verlierer sein.

Viele Führungskräfte haben nicht gelernt, mit Trennungssituationen umzugehen

In solchen Situationen fühlen sich Führungskräfte oft ohnmächtig. Sie werden auf Seminare geschickt um zu lernen, „Win-Win-Situationen“ mit ihren Mitarbeitern herzustellen. Bei Trennungen gibt es allerdings Gewinner und Verlierer – und damit umzugehen haben sie vielfach nicht gelernt. Besonders für Führungskräfte, die Erfolg haben wollen und von einem Erfolg zum nächsten hecheln, ist so eine Trennungssituation das Schlimmste, was sie sich vorstellen können. Sie können damit nicht umgehen.

Deshalb sind viele Führungskräfte wenig zugänglich für Ratschläge. Sie lehnen die Hilfe ab und verdrängen sehr stark. Sie gehen in Trennungssituationen mit den betroffenen Mitarbeitern überhart um. Diese Reaktion ist aber ein reiner Selbstschutz. Denn würde der betroffene Mitarbeiter sich wehren, Fragen zur Entlassung stellen, diskutieren wollen, würde die Führungskraft versagen. Deshalb die überharte Reaktion, in der Hoffnung, dass das Thema dann „durch" ist.

Viele Führungskräfte können die Symptome eines Burnouts nicht richtig einordnen

Bemerken solche Führungskräfte beispielsweise bei einem Mitarbeiter Anzeichen eines Burnouts, erkennen sie diese nicht als solche, sondern ignorieren diesen Zustand einfach, da sie der Ansicht sind, hier ohnehin nicht helfen zu können. Sie vertreten eher Meinungen wie: *„Der ist schlapp, der bringt seine Leistung nicht mehr"* oder *„Den müssen wir versetzen"*. Viele Führungskräfte können die Symptome nicht zuordnen, sie haben es nicht gelernt. Um sie für solche Situationen zu sensibilisieren, müssen mehr Bewusstsein und Wissen geschaffen werden.

Glücklicherweise trifft diese Beschreibung längst nicht auf alle Führungskräfte zu. Familiengeführte Unternehmen beispielsweise gehen in der Regel viel bewusster und verantwortungsvoller mit ihren Mitarbeitern um als anonyme Kapitalgesellschaften. Für diese Unternehmer ist es selbstverständlich, Verantwortung für ihre Mitarbeiter zu übernehmen – so machen sie es schon über Generationen hinweg.

Die wichtigen Aufgaben einer Führungskraft

Führungskräfte tragen Verantwortung für ihre Mitarbeiter

Ein Unternehmen ist natürlich keine Sozialstation: Es geht darum, betriebliche Ziele zu erreichen. Führungskräfte tragen aber nicht nur die Verantwortung für das Unternehmen, sondern auch für ihre Mitarbeiter,

- denen gegenüber sie ihre Führungsaufgaben auch tatsächlich wahrnehmen müssen,
- die sie respektieren müssen,
- denen sie klare Ziele setzen müssen,
- mit denen sie offen und klar umgehen müssen (das heißt: deutlich kritisieren, aber auch loben),
- die sie in Abläufe involvieren müssen.

In Deutschland werden in vielen Studien- und Ausbildungsgängen die hier erforderlichen Fähigkeiten und Kompetenzen überhaupt nicht vermittelt. In England beispielsweise sind an den Hochschulen neben dem fachspezifischen Know-how auch Inhalte wie die Präsentation von Fachergebnissen oder der Umgang mit Menschen Teil der Ausbildung. Diese zusätzlichen Ausbildungsinhalte existieren so in Deutschland kaum

– noch nicht einmal in Studiengängen, in denen es den Schwerpunkt Personal gibt.

Immer mehr Unternehmen bereiten ihre Führungskräfte aktiv auf ihre Führungsrolle vor

Immer mehr deutsche Unternehmen aber füllen diese Ausbildungslücke ihrer Führungskräfte und bereiten sie auf ihre Führungsrolle und -aufgaben aktiv vor. Einige Beispiele:

- Das Druck- und Verlagshaus Gruner + Jahr verfügt über diverse Führungskräftetrainings, um ihre (angehenden) Führungskräfte aufzubauen. Außerdem kann jede Führungskraft bei Bedarf ein individuelles Coaching in Anspruch nehmen.
- Die Bremer Lagerhaus-Gesellschaft fördert ihre jungen Führungskräfte innerhalb von eineinhalb Jahren, indem sie den Nachwuchs in zwölf Blöcken zu zwei Tagen berufsbegleitend ausbildet.
- Der Hausgerätehersteller Miele setzt ganz auf das „360-Grad-Feedback", bei dem Vorgesetzte ihre Mitarbeiter beurteilen, Mitarbeiter ihre Vorgesetzten beurteilen, Kollegen auf gleicher Ebene sich gegenseitig beurteilen sowie Kunden und Lieferanten Miele-Mitarbeiter beurteilen.

Vielversprechende Ansätze. Doch selbst unter der Annahme, dass es in Deutschland zukünftig nur noch Führungskräfte gibt, die perfekt im Umgang mit ihren Mitarbeitern und in Bezug auf das Burnout-Syndrom sensibilisiert sind – selbst in diesem äußerst unwahrscheinlichen Fall wäre der Mitarbeiter nicht von seiner Verantwortung für sich selbst und seine Situation entbunden.

Mit dem Stufenplan zurück ins Arbeitsleben

Fehlten Mitarbeiter aufgrund einer längeren Krankheit im Unternehmen, führt ein Stufenplan sie schrittweise ins Arbeitsleben zurück. Hintergrund: Mitarbeiter sollen wieder an das Unternehmen, das soziale Umfeld gewöhnt werden (siehe Kapitel 8: „So hilft der Fachanwalt für Arbeitsrecht"). Gerade bei kleinen Unternehmen ist die Umsetzung eines Stufenplans aber häufig schwierig. Dabei ist es selten eine Frage der Kosten, denn die Krankenkasse übernimmt diese in der Regel (siehe Kapitel 10: „So hilft die gesetzliche Krankenversicherung"). Meist ist es vielmehr eine Frage der Organisation.

Eine schrittweise Wiedereinführung in den Job beugt Rückfällen vor

Eine schrittweise Wiedereinführung in den Job nach längerer Arbeitsunfähigkeit ist für die Betroffenen sehr hilfreich und beugt Rückfällen vor. Können Mitarbeiter dagegen nicht schrittweise zurückkehren, sind sie länger krankgeschrieben und müssen am Ende wieder voll einsteigen. Das ist für kleinere Unternehmen eher von Vorteil, da sie besser planen können, für den Mitarbeiter aber ist es verheerend, da er sofort wieder 100 Prozent geben muss, statt sich langsam wieder an die „Situation Arbeitsleben" gewöhnen zu können.

Der wiedergenesene Mitarbeiter kommt aus einer Phase der Betreuung (zum Beispiel durch den behandelnden Arzt) zurück und wird bei der Arbeit allein gelassen. Aber gerade während dieser Einstiegsphase benötigt er Unterstützung und muss aufgefangen werden. Besonders in den ersten Monaten ist daher eine Betreuung sinnvoll. Es ist fahrlässig, diese Mitarbeiter allein zu lassen, denn sie kommen aus einer kontrollierten Umgebung in das Umfeld zurück, das zu ihrer Krankheit beigetragen hat. Die Wahrscheinlichkeit, dass diese Mitarbeiter wieder rückfällig werden, ist sehr hoch.

Besonders in den ersten Monaten ist eine Betreuung sinnvoll

Häufig äußern Mitarbeiter aber keinerlei Ansprüche, wenn sie nach einer langen Phase der Krankheit zurück ins Unternehmen kommen. Sie machen sich nach Möglichkeit nicht bemerkbar und beklagen sich auch nicht, wenn kein Stufenplan oder dergleichen vom Arbeitgeber umgesetzt oder dieses gar abgelehnt wird. Und die Angst des Mitarbeiters, dass der Arbeitgeber eine diesbezügliche Beschwerde zum Anlass nehmen könnte, sich von ihm „freizukaufen", ist in vielen Fällen durchaus berechtigt (siehe Kapitel 8: „So hilft der Fachanwalt für Arbeitsrecht").

Viele zurückgekehrte Mitarbeiter fürchten, Ansprüche zu stellen, könnte Anlass für eine Kündigung sein

Eine solche Situation ist ein hervorragender Nährboden für die erneute Entwicklung eines Burnouts. Der Mitarbeiter kommt mit der neuen Situation nicht zurecht, fühlt sich überlastet und weiß gar nicht, wie er das alles bewältigen soll. Gleichzeitig ist er nicht in der Lage, seine Schwierigkeiten gegenüber dem Arbeitgeber anzusprechen, um eine Verbesserung zu erreichen. Eine verzweifelte Situation.

Hier kann unter Umständen ein professioneller Coach dem Betroffenen weiterhelfen. Im Folgenden gehen wir daher näher auf das „Problemlösemittel" Coaching ein.

7.3 Coaching gegen Burnout

Der Begriff „Coach" stammt aus der englischen Sprache und bedeutet Kutsche. Coaching beschreibt also eine Methode, die es Personen ermöglicht, von einem Ort an ein ganz bestimmtes Ziel zu gelangen.

Im sportlichen Bereich ist der Coach nicht nur Trainer der sportlichen Fähigkeiten, sondern auch Begleiter und Motivator. Er ist auch oder gerade Trainer der mentalen Fähigkeiten und Fertigkeiten der Sportler.

Ein Coach leistet Hilfe zur Selbsthilfe

Ein Coach bringt im Coaching nicht die Lösungen für Probleme oder Konflikte mit, er ist vielmehr ein neutraler Gesprächs- und Interaktionspartner, der Betroffenen den Weg der individuellen (Weiter-)Entwicklung eröffnet, erleichtert und sie dabei begleitet – Hilfe zur Selbsthilfe.

Coaching ist grundsätzlich Privatsache und wird deshalb nicht von der Krankenkasse bezahlt

Ein Coaching ist grundsätzlich Privatsache und wird deshalb nicht von der Krankenkasse bezahlt – eventuell aber übernehmen Arbeitgeber die Kosten. Es ist also einen Versuch wert, Vorgesetzte danach zu fragen. Denn fallen Arbeitnehmer lange aus, entstehen für Unternehmen wesentlich höhere Kosten (siehe Kapitel 9: „So hilft der Arbeitgeber“).

Voraussetzung für ein Coaching ist die psychische Gesundheit, denn die Methode zielt darauf ab, bei Betroffenen die Reflexion und Selbstwahrnehmung so zu fördern, dass das Coaching Hilfe zur Selbsthilfe gibt. Häufig stehen dabei berufliche Probleme und ein klarer Auftrag mit einem definierten Ziel im Mittelpunkt.

Ein Coaching ist also stets als Beratung zu verstehen, die sowohl berufliche als auch private Inhalte umfassen kann. Wichtige Voraussetzung für den Erfolg ist der Wille, seine Situation verändern zu wollen, sowie Akzeptanz und Vertrauen gegenüber dem Coach. Deshalb sollte dieser zuhören können, über Einfühlungsvermögen verfügen, diskret und glaubwürdig sein und eine gewisse Neutralität vermitteln.

Viele Menschen wissen im Grunde, wohin sie wollen, es fehlt ihnen „nur“ ein konkreter Plan für die Umsetzung. Sie wissen nicht, wie sie vorgehen sollen und fühlen sich deshalb überfordert. Gerade in dieser Situation kann ein Coach wirksame Hilfe leisten.

Ein Coaching ist für jeden geeignet, der

- sich mental in einer Sackgasse fühlt,
- Ideen entwickeln möchte, aber blockiert ist,
- seine soziale Kompetenz erweitern möchte,
- Ziele erarbeiten und umsetzen möchte.

Ein Coach sollte auch immer über psychotherapeutische Kenntnisse verfügen

Ein Coach sollte auch immer über psychotherapeutische Kenntnisse verfügen, denn es kann vorkommen, dass während des Coachings Muster, Verletzungen und tiefe Verunsicherungen aufgedeckt werden, deren Ursache in der Kindheit liegen. Dann kann ein Wechsel zu einem Therapeuten sinnvoll sein. Und nur ein Coach mit psychotherapeutischen Kenntnissen sieht diese Notwendigkeit und kann entsprechend handeln.

Im Mittelpunkt des Coachings steht immer die betroffene Person, mit der der Coach gemeinsam Maßnahmen erarbeitet, um eine individuelle Passung zwischen Anforderungen und Kompetenzen herzustellen. Denn es gibt keine vorgefertigten Lösungswege, vielmehr ist es Zweck des Coachings, eigene Lösungswege zu entwickeln.

Interaktiver Problemlösungsprozess, in dem Betroffener und Coach zusammenarbeiten

In Abgrenzung zu einer psychoanalytischen Therapie, in der der Therapeut ziemlich passiv und schweigsam ist, tritt der Coach aktiv und mitgestaltend auf. Ein Coaching ist ein interaktiver Problemlösungsprozess, in dem Betroffene bei der Herausarbeitung und Klärung ihrer Probleme und bei der Lösungsfindung vom Coach aktiv unterstützt werden.

Es gibt vielfältige Ausgangssituationen und Gründe für ein Coaching, die sich in einfachen Aussagesätzen ausdrücken lassen:

Ausgangssituationen und Gründe für ein Coaching

- Ich merke, dass das Verhältnis zwischen Beruf und Privatleben nicht mehr stimmt.
- Ich fühle mich überfordert und gestresst.
- Ich leide immer stärker unter Stimmungsschwankungen und Selbstzweifeln.
- Ich kann keine wichtigen Entscheidungen mehr treffen, weil Ratio und Gefühl sich nicht einig sind.
- Seit ich die neue Position im Unternehmen innehabe, verspüre ich ständig eine gewisse Handlungsunsicherheit.
- Ich habe Probleme im Job oder auch im Privatleben und finde keine Lösungen.

- In meinem neuen Job fühle ich mich unsicher, da ich weder das Umfeld noch sinnvolle Handlungsweisen einschätzen kann.
- Als Führungskraft/Selbstständiger arbeite ich vorwiegend allein und erhalte daher selten bis nie professionelles Feedback.
- Nach dem Verlust meines Jobs fehlt mir die Orientierung und ich fühle mich haltlos.

Ein Grundproblem beim Stress oder Burnout ist das fehlende Gleichgewicht zwischen den persönlichen Fähigkeiten oder Bedürfnissen und den vermeintlichen oder auch wirklichen Anforderungen des Arbeitsplatzes.

Ziel des Coachings

Arbeiten ohne Burnout sollte immer das Coaching-Ziel sein. Dazu muss

- die Balance zwischen den Lebensbereichen wie Familie, Freizeit, Beruf (wieder-)hergestellt werden,
- der Betroffene lernen, zu delegieren,
- (wieder) die Fähigkeit erlernt werden, motiviert und engagiert zu arbeiten,
- eine realistische Terminplanung im Alltag umgesetzt werden,
- der Betroffene einen realistischen Anspruch an sich stellen können,
- der Anstoß des Handelns der Spaß am Erfolg und nicht die Angst vor Misserfolg sein,
- die persönliche Zufriedenheit auch außerhalb des Jobs erreicht werden,
- die Grenze des Machbaren akzeptiert werden.

7.4 In fünf Schritten einen geeigneten Coach finden

„Coach" ist keine geschützte Berufsbezeichnung

Wer sich dazu entschieden hat, ein Coaching zu machen, muss nur noch einen Coach für sich finden. Nur? Nun ja, Coaches gibt es mittlerweile mehr als genug. Aber genau das ist das Problem – „Coach" ist keine geschützte Berufsbezeichnung, jeder kann sich so nennen und sei er auch ein Scharlatan. Wie also trennt man die Spreu vom Weizen? Die folgenden fünf Schritte sollen dabei helfen, die richtige Wahl zu treffen:

In fünf Schritten einen geeigneten Coach finden

1. Definieren Sie Ihre Erwartungen!

Legen Sie Ihr persönliches Ziel für das Coaching fest

Zunächst sollten Sie Ihr persönliches Ziel für das Coaching definieren: Benötige ich nur einen Anstoß, um aus meiner Situation herauszufinden? Bin ich ins Stocken geraten? Ist es Zeit für einen kompletten Neuanfang? Legen Sie auch fest, wie viel Geld Sie zu investieren bereit (oder in der Lage) sind. Denn auch der beste Coach ist nicht der geeignete Coach, wenn seine Dienstleistung Ihr Budget übersteigt.

2. Strecken Sie Ihre Fühler aus!

Zuerst sollten Sie im Freundes- und Bekanntenkreis nach Erfahrungen und Empfehlungen fragen. Eine weitere Möglichkeit sind Tipps und Hinweise in der Presse und in den Medien. Aber auch Experten des Büros für Berufsstrategie, der Bundesverband Deutscher Unternehmensberater oder die Deutsche Gesellschaft für Karriereberatung können weiterhelfen.

3. Überprüfen Sie die Fachkompetenz des Coaches!

Fragen zur Überprüfung der Fachkompetenz

Folgende Fragen können Ihnen bei der Überprüfung der Fachkompetenz gute Anhaltspunkte liefern:

- Über welche Zusatzausbildungen verfügt der Coach? Die meisten Coaches haben sich neben dem Psychologiestudium ein oder mehrere Schwerpunkte gesetzt (zum Beispiel Integrative Gestalttherapie (FPI), tiefenpsychologisch fundierte Psychotherapie, lösungsorientiertes Coaching, Stimm- und Sprechtherapie).
- Welche spezifische Beratungserfahrung kann er nachprüfbar belegen?
- Können entsprechende Referenzen benannt werden?
- Verfügt der Coach über eigene Berufserfahrung in Fach- und Führungspositionen?
- Hat der Berater Erfahrung in der praktischen Personalarbeit?
- Berät der Coach mit einem bestimmten Branchenschwerpunkt?

Gute Fragen, aber wie gelangen Sie an die Antworten? Eine gute Informationsquelle ist die Internetseite des Coaches, auf der Sie für gewöhnlich Auskünfte über das Angebot und die Konditionen erhalten. Fehlen hier entsprechende Angaben, so ist auch dies ein Anhaltspunkt und möglicherweise ein Indiz dafür, von diesem Kandidaten besser die Finger zu lassen.

Natürlich ist es auch möglich, einfach nachzufragen, wenn Ihnen bestimmte Informationen fehlen. Angst, dem Coach damit „auf den Schlips“ zu treten, sollten Sie keine haben. Der gute Coach wird über Ihre Fragen eher dankbar sein als anzunehmen, dass an seiner Professionalität gezweifelt wird.

Auch auf die Bandbreite des Beratungsangebotes sollten Sie achten: von der Hilfestellung bei Berufseinstieg oder Berufswechsel über Bewerbungstrainings bis hin zur Burnout-Prophylaxe bestehen zahlreiche Möglichkeiten. Ein professionelles Beratungsunternehmen wird dieser Themenvielfalt durch spezielle Angebote gerecht.

Vorsicht bei angeblichen „Erfolgsgarantien“ oder „Schnäppchenpreisen“

Besondere Vorsicht ist bei angeblichen „Erfolgsgarantien“ oder „Schnäppchenpreisen“ geboten. Ein seriöser Coach weiß um den Wert seiner Leistung, wird dennoch keine dubiosen Versprechungen machen.

4. Lernen Sie Ihren Coach in spe unverbindlich kennen!

Ein Coaching besteht aus einer Vielzahl von Gesprächen. Daher sollten Sie stets auf ein Vorgespräch pochen, das in der Regel unverbindlich geführt wird.

Stimmt die „Chemie“ zwischen Ihnen und Ihrem potenziellen Coach?

Sehr wichtig ist, dass zwischen dem Betroffenen und dem Coach die „Chemie“ stimmt. Ein wichtiger Aspekt, denn ein professionelles Coaching betrifft immer auch persönliche Bereiche. Deshalb ist neben dem berufskundlichen Wissen auch die psychosoziale Kompetenz des Coaches wichtig.

Betroffene sollten konkret ihr Beratungsanliegen und ihre Ziele klären. Und der Coach sollte über sein konkretes Vorgehen informieren: Ist eine Mindestanzahl von Sitzungen vorgesehen? Wie wird abgerechnet? Ein seriöser Coach wird nach Klärung der Ausgangs- und Erwartungslage eine konkrete Schätzung und Kalkulation vornehmen.

Auch sollten Betroffene erfragen, wie die Beratung konzipiert ist. Ein geschulter Coach arbeitet lösungs- und zielorientiert. Er verwendet Feedback-Methoden und liefert eine präzise inhaltliche Vor- und Nachbereitung der einzelnen Sitzungen. Und am Ende des Coachings bietet er ein Auswertungsgespräch an, in dem gemeinsam abgeglichen wird, ob die gesetzten Ziele erreicht wurden.

Zu klären ist auch, was von dem Betroffenen persönlich erwartet wird. Eine effektive Beratung ist, wie gesagt, immer als Hilfe zur Selbsthilfe angelegt. Der professionelle Coach wird daher ganz selbstverständlich Selbstreflexion und aktive Mitarbeit fordern. Er wird seine Vorgehensweise von Anfang an erläutern und die einzelnen Schritte zum Erfolg bleiben immer nachvollziehbar.

Und das erste Beratungsgespräch sollte nicht unmittelbar an das Vorgespräch anschließen, denn der Betroffene muss in Ruhe das Angebot überdenken können.

5. Erstellen Sie eine Checkliste!

Haben Sie einen bestimmten Coach ins Auge gefasst, dann stellen Sie noch einmal alle Informationen zusammen, die Sie über ihn gesammelt haben. Welche Punkte sind Ihnen besonders wichtig? Hat Ihr Kandidat hier überzeugende Ideen und Konzepte in petto? Entscheiden Sie ruhig aus dem Bauch heraus – aber füttern Sie ihn zuvor mit den notwendigen Informationen.

Listen Sie nochmals alle relevanten Informationen schriftlich auf und entscheiden ruhig aus dem Bauch heraus

7.4.1 Was leistet ein Coach?

Wir sind ja bereits auf den Ursprung des Begriffes „Coach" zu sprechen gekommen: Kutsche. Das Wort beschreibt also ein (Transport-)Mittel, das es Personen ermöglicht, von einem Ort zu einem anderen zu gelangen. Genau das ist die Aufgabe des Coaches. Nur, dass die Fahrt nicht von „Berlin" nach „München" geht, sondern von „Ungewissheit" zu „Selbstsicherheit".

Aber: Damit der „Transport" glückt, muss auch der Reisende etwas leisten. Wichtig für den Erfolg eines Coachings sind die Offenheit, das Vertrauen und eine positive Erwartungshaltung, die der Betroffene mitbringen muss. Die innere Bereitschaft zu Weiterentwicklung und/oder Neuorientierung bildet die Basis für eine erfolgreiche Beratung.

Im Erstgespräch eines Coachings werden zunächst wichtige Eckpunkte festgelegt:

Wichtige Eckpunkte des Erstgesprächs

- der Umfang der Zusammenarbeit und die Themen
- die Etappenziele und das/die Gesamtziel(e)
- Termine und Ort der Treffen
- die Dauer und die Intensität
- die Kommunikationsformen wie persönliches Gespräch, Telefon, E-Mail
- die Zahlungsmodalitäten

Problemlösungsmodell aus fünf Schritten

Das Grundgerüst für ein erfolgreiches Coaching bildet ein Problemlösungsmodell, das aus fünf Schritten besteht:

1. Schritt: Belastende Situationen beobachten und beschreiben.
2. Schritt: Probleme erkennen und analysieren.
3. Schritt: Einfallsreich sein, um Lösungen zu finden.
4. Schritt: Die Lösungsmöglichkeiten umsetzen und erproben.
5. Schritt: Feststellen, was erfolgreich wirkt und was weniger hilft.

7.4.2 Fragen im Coaching

Ein Coaching läuft immer sehr individuell ab. Dennoch gibt es eine Reihe von Fragen, die generell Ausgangspunkt einer Beratung sein können:

Im Coaching zu klärende Fragen

- Wie kann ich meinen Arbeitsalltag so strukturieren, dass ich trotz Zeitdruck und Arbeitsaufkommen konzentriert bleibe?
- Womit setze ich mich unter Druck?
- Was sind Warnsignale und wie steuere ich dagegen?
- Wie setze ich mir realistische Ziele?
- Wie schaffe ich es, trotz fehlender Rückmeldung von außen, mit den eigenen Leistungen zufrieden zu sein?
- Was muss ich tun, damit die Rückmeldungen von außen nicht ausbleiben?
- Wie setze ich mir sinnvolle Grenzen?
- Wie bekomme ich die notwendige Unterstützung?
- Welche Werte leiten mich bei der Arbeit?
- Wie gelingt mir die Balance zwischen Berufs- und Privatleben?
- Wie erhalte ich meine Kraft?
- Welche Formen der Erholung brauche ich? Und wann?
- Wofür übernehme ich Verantwortung und wofür nicht?

Einsicht in die Notwendigkeit professioneller Hilfe ist unerlässlich

Bei der Beantwortung all dieser Fragen benötigen Betroffene professionelle Hilfe. Denn ob man nun mit einem Coaching einem Burnout vorbeugen, die ersten Burnout-Anzeichen bekämpfen, einen Burnout begleiten oder einen Burnout „nachbereiten“ will, wichtig ist, dass man erkennt und akzeptiert, dass man in diesen Situationen nicht ohne professionelle Unterstützung weiterkommt. Denn es ist schwer, allein seine Grenzen abzustecken, Ziele neu und realistisch zu definieren und allein über Sinn und Werte im Beruf zu reflektieren, wenn man brennt oder bereits ausgebrannt ist.

8 So hilft der Fachanwalt für Arbeitsrecht

In Zusammenarbeit mit Ulf Weigelt
(Fachanwalt für Arbeitsrecht)

Zu den Sorgen um ihre Gesundheit kommt für viele Burnout-Betroffene auch noch die Angst um den Job. Denn die Erkrankung bedeutet häufig auch lange Fehlzeiten.

Im Folgenden erläutern wir, was Burnout-Erkrankte im Umgang mit ihrem Arbeitgeber unbedingt beachten sollten.

Welche Rechte und Pflichten haben Burnout-Erkrankte?

Welche Rechte Burnout-Erkrankten zustehen und welche Pflichten sie erfüllen müssen, haben wir gemeinsam mit dem Berliner Fachanwalt für Arbeitsrecht Ulf Weigelt zusammengetragen.

8.1 Was ist bei einer Arbeitsunfähigkeit grundsätzlich zu beachten?

Nicht jede Krankheit führt automatisch zur Arbeitsunfähigkeit

Eine Arbeitsunfähigkeit entsteht meistens durch eine Krankheit. Doch nicht jede Krankheit führt automatisch zur Arbeitsunfähigkeit. Voraussetzung ist, dass der Mitarbeiter außer Stande ist, seine Arbeit zu leisten. Oder aber eine Verschlechterung seines Gesundheitszustandes riskiert, wenn er arbeitet. Er ist dagegen arbeitsfähig, wenn er sich beispielsweise zwar nicht selbst zur Arbeit bewegen, aber seine Leistung dennoch verrichten kann.

Was ein erkrankter Arbeitnehmer während der Arbeitsunfähigkeit unternehmen darf und was nicht, hängt in erster Linie von seiner Erkrankung ab. Als Faustregel gilt: Es ist alles verboten, was die Genesung verzögert oder gar gefährdet. Ein erkrankter Beschäftigter muss sich also immer so verhalten, dass er möglichst bald wieder gesund wird.

Wer gegen den ärztlichen Rat handelt oder nachweislich eine Erkrankung vortäuscht und dann damit auffliegt, riskiert eine Abmahnung oder schlimmstenfalls die fristlose Kündigung.

Was ist erlaubt – und was nicht?

Eine Krankmeldung ist kein Hausarrest

Krankgeschriebene Mitarbeiter müssen aber nicht zwangsläufig den ganzen Tag zuhause bleiben und das Bett hüten. Sie müssen auch nicht rund um die Uhr telefonisch erreichbar sein. Eine Krankmeldung kommt keinem Hausarrest gleich.

Sich mit Lebensmitteln im Supermarkt um die Ecke zu versorgen, ist eigentlich immer erlaubt – solange der Arzt das Aufstehen und Einkaufen nicht ausdrücklich verboten hat. Gleiches gilt auch für Spaziergänge. Für sportliche Aktivitäten ist es ratsam, sich das Okay des Arztes zu holen.

Auch wer krank ist und dringend verreisen muss, sollte sich vorher vom Arzt schriftlich bestätigen lassen, dass eine Reise gesundheitlich unbedenklich ist. Zustimmen muss darüber hinaus immer derjenige, der während der Erkrankung den Lohn zahlt: Wenn noch keine sechs Wochen nach Krankmeldung vergangen sind, ist der Arbeitgeber zuständig. Danach muss die Krankenkasse gefragt werden. Wer ohne Genehmigung fährt, riskiert die Einstellung der Lohnfortzahlung oder des Krankengeldes durch die Krankenkasse.

Es ist eine Frage der Verhältnismäßigkeit: Ist ein krankgemeldeter Arbeitnehmer in der Lage, Hausarbeiten oder Behördengänge zu machen, so wird man ihm das kaum ankreiden. Der Bogen ist aber eindeutig dann überspannt, wenn er außer Haus arbeitet, seinen Umzug abwickelt oder einem Nebenjob nachgeht.

Melden ist Pflicht

Der erkrankte Mitarbeiter ist dazu verpflichtet, seinem Arbeitgeber mitzuteilen, dass er krank ist und wie lange die Krankheit voraussichtlich dauern wird. Bei mehr als drei Kalendertagen muss er eine Arbeitsunfähigkeitsbescheinigung vom Arzt vorlegen – es sei denn, im Arbeitsvertrag ist eine frühere Vorlage vereinbart. Über den Arbeitsausfall muss der Mitarbeiter seinen Arbeitgeber jedoch so früh wie möglich informieren – beispielsweise am Morgen der Erkrankung durch einen Telefonanruf.

Arbeitsunfähigkeitsbescheinigung vom Arzt bei mehr als drei Kalendertagen

Entscheidend ist, wann die Arbeitsunfähigkeitsbescheinigung eingeht, nicht wann sie abgesendet wurde. Es gibt keine Formvorschriften, der Arbeitnehmer kann das Dokument per Fax, per Mail oder auch durch einen Boten senden. Der Empfänger ist direkt der Arbeitgeber oder die Personalabteilung.

Erfährt der Mitarbeiter bei einem späteren Arztbesuch, dass sich der Genesungsprozess verzögert oder besser verläuft als erwartet, muss er auch dies unverzüglich dem Arbeitgeber mitteilen, damit die betrieblichen Abläufe geplant werden können.

Burnout-Erkrankung nicht erwähnen

Die Art der Erkrankung geht den Arbeitgeber nichts an

Die Art der Erkrankung geht den Arbeitgeber nichts an. Es sei denn, sie ist von betrieblicher Bedeutung – zum Beispiel bei einem Koch, der an einer Hauterkrankung leidet.

Über eine Burnout-Erkrankung sollten Betroffene auf keinen Fall offen mit ihrem Arbeitgeber sprechen.

Diese Information könnte unter Umständen in einem Kündigungsschutzprozess gegen den Erkrankten verwendet werden. Wenn überhaupt, sollten Betroffene den Betriebsrat einweihen.

Vorsicht ist auch dann geboten, wenn der Arbeitgeber den Mitarbeiter zu einem Gespräch im Rahmen des betrieblichen Eingliederungsmanagements (siehe Kap. 8.3) einlädt. In erster Linie soll das Gespräch dem Erkrankten dienen und ihm Wege eröffnen, um in das berufliche Leben zurückzufinden.

Manche Arbeitgeber versuchen aber auch, mithilfe des betrieblichen Eingliederungsmanagements Näheres über die Art der Erkrankung herauszufinden, um so den Erfolg einer krankheitsbedingten Kündigung besser einschätzen zu können.

8.2 Kündigung aufgrund von Langzeiterkrankung?

Fallen Arbeitnehmer über einen längeren Zeitraum aus, spricht das Arbeitsrecht von Langzeiterkrankungen. In diesem Fall haben Arbeitgeber das Recht, das Arbeitsverhältnis zu beenden.

Strenge Regeln für krankheitsbedingte Kündigungen

Eine Abmahnung müssen Arbeitgeber vor einer krankheitsbedingten Kündigung zwar nicht aussprechen. In Betrieben, in denen das Kündigungsschutzgesetz greift (also in der Regel ab einer Größe von mehr als zehn Beschäftigten), gelten für krankheitsbedingte Kündigungen jedoch strenge Regeln.

Damit die Kündigung vor Gericht Bestand hat, müssen drei Voraussetzungen erfüllt sein:

Es tritt aller Voraussicht nach in den nächsten 24 Monaten keine Gesundheitsverbesserung ein

1. Der Gesundheitszustand des Beschäftigten bessert sich aller Voraussicht nach nicht in absehbarer Zeit. „Absehbare Zeit“ bedeutet in diesem Zusammenhang in den nächsten 24 Monaten.

2. Die absehbaren weiteren Fehlzeiten oder gerade die Ungewissheit über die Rückkehr des Mitarbeiters führen für den Arbeitgeber zu unzumutbaren betrieblichen (zum Beispiel Störungen im Betriebsablauf) oder wirtschaftlichen (zum Beispiel Lohnfortzahlungskosten) Belastungen. Letzteres wird bei Langzeiterkrankten aber kaum in Betracht kommen. Denn der Arbeitgeber muss dem erkrankten Mitarbeiter „lediglich" sechs Wochen lang seinen Lohn zahlen, danach springt die Krankenkasse ein und zahlt dem erkrankten Mitarbeiter das Krankengeld. Bei häufigen Kurzerkrankungen eines Arbeitnehmers sieht es möglicherweise anders aus. Denn in solchen Fällen springt die Kasse nicht ein.

Durch weitere Fehlzeiten drohen dem Arbeitgeber unzumutbare Belastungen

3. Es ist für den Arbeitgeber nicht weiter zumutbar, den Mitarbeiter weiterzubeschäftigen und damit die entsprechenden Beeinträchtigungen hinzunehmen. Um das zu beurteilen, werden die ökonomischen Interessen des Arbeitgebers und die Bestandsschutzinteressen des Arbeitnehmers gegeneinander abgewogen. Einem langjährigen Mitarbeiter gegenüber ist ein Unternehmen im Krankheitsfall zu mehr Rücksicht verpflichtet als etwa gegenüber einer just engagierten Aushilfe.

Abwägung der ökonomischen Interessen des Arbeitgebers gegen die Bestandsschutzinteressen des Arbeitnehmers

Zudem spielt es eine Rolle, ob der gekündigte Mitarbeiter in der Vergangenheit wegen häufiger Kurzerkrankungen ausgefallen ist oder wegen einer lang andauernden Krankheit. Denn häufige Fehlzeiten können für eine schlechte Grundverfassung des Arbeitnehmers sprechen, die weitere Ausfälle für die Zukunft erwarten lässt.

Wenn ein Mitarbeiter in einem Jahr allerdings beispielweise mehrere Wochen wegen einer Grippe, eines Beinbruchs und eines Magen-Darm-Infektes ausgefallen ist, spricht dies eher für eine Ansammlung unglücklicher Umstände, die sich kaum wiederholen wird – es liegt keine negative Gesundheitsprognose vor. Und: Wer aufgrund eines Arbeitsunfalls dauerhaft erkrankt ist, kann grundsätzlich nicht krankheitsbedingt gekündigt werden.

Der Krankheitszustand zum Zeitpunkt der Kündigung entscheidet darüber, ob eine Kündigung rechtmäßig ist oder nicht. Nur so kann der Arbeitgeber eine Prognose über die künftige Arbeitsfähigkeit oder Arbeitsunfähigkeit seines Mitarbeiters stellen.

Kommt es zu einem Kündigungsschutzverfahren, muss der „dauerkranke“ Mitarbeiter belegen, dass mit einer baldigen Genesung zu rechnen ist. Dazu muss er notfalls die behandelnden Ärzte von der Schweigepflicht entbinden.

Verbessert sich der Gesundheitszustand im Laufe des Kündigungsstreits, hat der Mitarbeiter unter Umständen einen Anspruch darauf, wieder eingestellt zu werden – allerdings nur, wenn er wieder völlig arbeitsfähig ist.

War zum Zeitpunkt der Kündigung die Gesundheitsprognose positiv, ist die krankheitsbedingte Kündigung unwirksam

War zum Zeitpunkt der Kündigung die Gesundheitsprognose positiv, ist die krankheitsbedingte Kündigung unwirksam. Verschlechtert sich allerdings nach Ausspruch der Kündigung der Gesundheitszustand, sodass eine krankheitsbedingte Kündigung jetzt möglich wäre, muss der Arbeitgeber erneut kündigen, da seine bereits ausgesprochene Kündigung unwirksam war.

Unzumutbare betriebliche Beeinträchtigung

Ist nicht damit zu rechnen, dass der erkrankte Mitarbeiter künftig seltener wegen Krankheit fehlt, muss der Arbeitgeber im zweiten Schritt belegen, dass dadurch seine betrieblichen Interessen beeinträchtigt sind.

In der Regel halten die Gerichte eine krankheitsbedingte Kündigung aber erst dann für wirtschaftlich begründet, wenn der Arbeitgeber in zwei aufeinander folgenden Jahren für jeweils mehr als sechs Wochen das Entgelt für einen erkrankten Mitarbeiter fortzahlen musste.

Der Arbeitgeber muss Störungen im Betriebsablauf belegen

Auch kann das wirtschaftliche Interesse durch Störungen im Betriebsablauf beeinträchtigt sein. Dazu zählen beispielsweise:

- Terminüberschreitungen
- Produktionsausfälle
- Qualitätsverluste
- Überlastung der anderen Mitarbeiter aufgrund ständiger Überstunden
- Störungen im Betriebs- und Arbeitsablauf
- negative Auswirkungen auf eine Akkordgruppe
- Unzufriedenheit der Arbeitskollegen oder
- die Notwendigkeit, wiederholt Aushilfskräfte einarbeiten zu müssen

Die Arbeitsgerichte sehen eine Kündigung im betrieblichen Interesse begründet, wenn der Mitarbeiter voraussichtlich nicht innerhalb der kommenden zwei Jahre nach dem Kündigungstermin wieder arbeiten kann. Fehlzeiten vor Ausspruch der Kündigung dürfen jedoch nicht zu diesem Zweijahreszeitraum hinzugezählt werden.

Gilt Gleiches bei immer wieder auftretenden Kurzerkrankungen?

Wenn ein Arbeitnehmer sich immer wieder für kurze Zeit krankmeldet, kann ihm die Kündigung drohen. Bei jedem offensichtlich arbeitsvertragswidrigen Verhalten, wie beispielsweise häufigen Kurzerkrankungen an Brückentagen oder wenn ein Mitarbeiter überproportional oft in den Spätschichten erkrankt und das über einen längeren Zeitraum, hat das Arbeitsrecht vor die Kündigung allerdings die Abmahnung gesetzt.

Permanente Krankmeldungen für eine kurze Zeit können ein Kündigungsgrund sein

8.3 Betriebliches Eingliederungsmanagement – eine Pflicht des Arbeitgebers

Wer eine krankheitsbedingte Kündigung anfechten möchte, kann sich unter Umständen auf das so genannte betriebliche Eingliederungsmanagement berufen. Dabei geht es um die Fürsorgepflicht des Arbeitgebers gegenüber seinen Mitarbeitern. Denn die Kündigung ist unwirksam, wenn der Arbeitgeber kein betriebliches Eingliederungsmanagement durchgeführt hat.

Die Kündigung ist unwirksam, wenn kein betriebliches Eingliederungsmanagement stattgefunden hat

Was muss der Arbeitgeber tun?

Der Gesetzgeber sieht dieses Instrument speziell für Langzeiterkrankte vor. Der Arbeitgeber ist arbeitsrechtlich dazu verpflichtet, es umzusetzen. Ziel ist, die Entlassung von erkrankten Mitarbeitern zu vermeiden.

Das betriebliche Eingliederungsmanagement bedarf jedoch der Zustimmung und Mitwirkung des Mitarbeiters, da es seine Intimsphäre betrifft. Schließlich erhält der Arbeitgeber so Informationen über die Krankheit des Mitarbeiters, die er früher erst bei einem Kündigungsschutzverfahren erhalten hätte. Er kann somit die Chancen einer etwaigen Kündigung besser einschätzen. Diesen Nachteil müssen Arbeitnehmer in Kauf nehmen.

Der Mitarbeiter muss Informationen über seine Erkrankung preisgeben

Denn machen sie nicht mit, haben sie schlechte Karten, sich gegen eine Kündigung zu wehren. Da es hier um die Intimsphäre des Mitarbeiters geht, muss der Arbeitgeber bei der Umsetzung darauf achten, das Bundesdatenschutzgesetz einzuhalten.

Die Art und Weise der Umsetzung ist nicht gesetzlich geregelt

Leider lässt das Gesetz offen, wie das Eingliederungsmanagement in der Praxis umzusetzen ist. Es hat weder einen vorgeschriebenen inhaltlichen Ablauf, noch sind Zeiträume oder Endpunkte festgelegt. Dies zu bestimmen bleibt den Arbeitgebern überlassen. Naturgemäß sind allgemein verbindliche Regelungen auch kaum möglich: Das Konzept für ein betriebliches Eingliederungsmanagement in einem Großbetrieb muss anders aussehen als für einen mittelständischen oder gar Kleinbetrieb.

Auf die Betriebsgröße kommt es an

Krankenrückkehrgespräche in Kleinbetrieben

In Kleinbetrieben sind so genannte Krankenrückkehrgespräche daher in der Regel ausreichend. Ihr Ziel: Die Suche nach Wegen, wie die Arbeitsunfähigkeit möglichst schnell überwunden werden kann und die Klärung, mit welchen Leistungen und Hilfen einer erneuten Arbeitsunfähigkeit vorgebeugt und so der Arbeitsplatz erhalten werden kann.

Integrations- und Betriebsvereinbarungen in größeren Unternehmen

In größeren Unternehmen sollten zusätzlich Integrations- und Betriebsvereinbarungen geschlossen werden. Der Arbeitgeber kann auch arbeitsplatzbezogene Analysen oder ärztliche Untersuchungen einsetzen. Darüber hinaus kann das Unternehmen auch Veränderungen des Arbeitsplatzes und der Arbeitszeit erwägen oder eine stufenweise Wiedereingliederung prüfen.

Einige Unternehmen bieten gemeinsam mit Physiotherapeuten, Krankenkassen und anderen Partnern ein komplexes professionelles Eingliederungsmanagement an. Erste Erfahrungen in der Automobilbranche (siehe Kapitel 9: „So hilft der Arbeitgeber“) zeigen, dass unter Beteiligung aller ein Konzept entstehen kann, das sowohl für die Mitarbeiter als auch für das Unternehmen beste Bedingungen bietet.

Für eingeschränkt arbeitsfähige Mitarbeiter werden frühzeitig geeignete Einsatzmöglichkeiten gesucht. Gegebenenfalls kommt auch die Versetzung auf einen anderen Arbeitsplatz infrage.

Darüber hinaus wird der betroffene Mitarbeiter in der Regel von der Personalabteilung betreut. Wichtig ist hierbei immer die vertrauensvolle Zusammenarbeit zwischen den Personalverantwortlichen, der Schwerbehindertenvertretung und dem Betriebsrat. Letztendlich müssen alle das Ziel, die Weiterbeschäftigung, wollen.

Sinn und Zweck des Eingliederungsmanagements ist also zu klären: Wie können Arbeitnehmer und Arbeitgeber gemeinsam die Arbeitsunfähigkeit überwinden und damit die Fehlzeiten verringern? Mit welchen Hilfen und Leistungen kann einer erneuten Arbeitsunfähigkeit vorgebeugt und wie kann der Arbeitsplatz erhalten werden? Wie können die Fähigkeiten des Arbeitnehmers optimal genutzt werden? Und wie wird eine erhöhte Einsatzfähigkeit und Produktivität des Mitarbeiters sichergestellt?

Was tun, wenn der Arbeitgeber das Eingliederungsmanagement verweigert?

Eine Rechtspflicht besteht nicht

Eine Rechtspflicht zur Durchführung des betrieblichen Eingliederungsmanagements ergibt sich aus dem Wortlaut des Gesetzes (§ 84 II SGB IX) nicht. Die Rechtsfolgen eines unterlassenen oder fehlerhaften Eingliederungsmanagements beschränken sich daher allein auf die Auswirkungen im Fall einer Kündigung.

Bietet ein Unternehmen kein betriebliches Eingliederungsmanagement an, kann der betroffene Mitarbeiter unter Umständen Schadensersatzansprüche gegen den Arbeitgeber geltend machen, mit dem Argument, der Arbeitgeber habe seine Fürsorgepflicht verletzt. Diese Ansprüche müssen allerdings gut begründet sein und sind in der Regel schwierig durchzusetzen.

Betriebsrat und Schwerbehindertenvertretung sind Ansprechpartner im Unternehmen

Mitarbeiter können sich jedoch vertrauensvoll an den Betriebsrat und die Schwerbehindertenvertretung im Unternehmen wenden und die fehlende Fürsorgepflicht des Arbeitgebers ansprechen. Beide Gremien können den Betroffenen dabei unterstützen, ein betriebliches Eingliederungsmanagement durchzusetzen.

Der Betriebsrat sollte grundsätzlich hinzugezogen werden. Nicht nur, weil er Einfluss auf den Arbeitgeber nehmen kann, das betriebliche Eingliederungsmanagement durchzuführen. Bei einer Kündigung kann der Betriebsrat im Anhörungsverfahren auch besser zu den betrieblichen Beeinträchtigungen und zur Interessenabwägung Stellung beziehen, wenn der betroffene Mitarbeiter ihn umfassend informiert.

Unklare Rechtslage

Dennoch haben Arbeitgeber prinzipiell die Möglichkeit, Mitarbeiter krankheitsbedingt zu entlassen – auch wenn sie dem Betroffenen kein betriebliches Eingliederungsmanagement angeboten haben. So lautet jedenfalls ein Urteil des Landesarbeitsgerichts Berlin.

Einig sind sich die Juristen in diesem Punkt aber keineswegs: So vertrat das Landesarbeitsgericht Niedersachsen genau die konträre Meinung.

Die Richter des Bundesarbeitsgerichts wiederum schlossen sich in einem Urteil (vom 12. Juli 2007) teilweise der Argumentation des Landesarbeitsgerichts Berlin an: Kündigt der Arbeitgeber einem Mitarbeiter aus krankheitsbedingten Gründen, ohne zuvor ein betriebliches Eingliederungsmanagement durchgeführt zu haben, führt dies nicht ohne Weiteres dazu, dass eine Kündigung unwirksam wird.

Allerdings: Die Bundesarbeitsrichter gaben auch zu verstehen, dass die gesetzliche Regelung kein Muster ohne Wert ist. Führt der Arbeitgeber kein betriebliches Eingliederungsmanagement durch, kann es für ihn schwierig werden, die betrieblichen Belastungen durch die Fehlzeiten zu beweisen. Er kann sich dann nicht pauschal darauf berufen, ihm seien keine alternativen, der Erkrankung angemessenen Einsatzmöglichkeiten bekannt.

Ein Beispiel

Herr X, seit 1981 bei dem Unternehmen V als Maschinenbediener beschäftigt, war seit März 2002 wegen eines Rückenleidens durchgehend arbeitsunfähig erkrankt. Nach Anhörung des Betriebsrats kündigte das Unternehmen das Arbeitsverhältnis mit Herrn X am 29. Oktober 2004.

Herr X fühlte sich ungerecht behandelt und zog vor das Landesgericht Hamm, denn nach seiner Auffassung wäre bei entsprechender Ausstattung seines Arbeitsplatzes ein Einsatz als Maschinenbediener weiterhin möglich gewesen. Auch hätte ihn das Unternehmen durch eine Umgestaltung anderer Arbeitsplätze anderweitig einsetzen können. Hierzu sei das Unternehmen auch aufgrund des betrieblichen Eingliederungsmanagements verpflichtet gewesen, so Herr X weiter.

Das Unternehmen jedoch hielt die Voraussetzungen für eine krankheitsbedingte Kündigung für gegeben. Es vertrat die Auffassung, dass die Arbeitsfähigkeit von Herrn X auf unabsehbare Zeit nicht wiederhergestellt werden konnte.

Auch eine Beschäftigung auf einem „leidensgerechten" Arbeitsplatz sei nicht mehr in Betracht gekommen. Die Richter des Landesarbeitsgerichts Hamm gaben dem Unternehmen Recht und wiesen die Klage von Herrn X ab.

Das Bundesarbeitsgericht hat nun den Rechtsstreit an das Landesgericht Hamm zurückverwiesen – insbesondere zur Klärung, ob ein adäquater Arbeitsplatz vorhanden ist beziehungsweise durch eine zumutbare Umgestaltung der Betriebsabläufe geschaffen werden könnte.

Es liegt also durchaus auch im Interesse des Arbeitgebers, ein betriebliches Eingliederungsmanagement anzubieten, bevor er eine krankheitsbedingte Kündigung ausspricht. Denn im Arbeitsrecht wird die Kündigung stets als „letztes Mittel" betrachtet.

Im Arbeitsrecht wird die Kündigung stets als „letztes Mittel" betrachtet

8.4 Darf der Arbeitgeber einen Gesundheitsnachweis verlangen?

Die Burnout-Erkrankung ist eine Krankheit, die nicht direkt sichtbar ist. Aus diesem Grund gibt es sicherlich Arbeitgeber, die sehr misstrauisch reagieren und eine ärztliche Untersuchung zum Nachweis des gesundheitlichen Zustands eines Arbeitnehmers fordern. Der Gesetzgeber regelt diese Möglichkeit aus gutem Grund jedoch äußerst strikt, denn immerhin ist dies ein gehöriger Eingriff in die Intimsphäre des Arbeitnehmers.

Ärztliche Untersuchung zum Nachweis des gesundheitlichen Zustands eines Arbeitnehmers

Darf der Arbeitgeber überhaupt eine Gesundheitsuntersuchung anordnen?

In manchen Fällen ja, eine Verpflichtung leitet sich aus Gesetzen, Tarifverträgen oder aus Unfallverhütungsvorschriften und sonstigen Arbeitsschutzbestimmungen ab. So sind bei bestimmten Berufsgruppen wie Köchen oder Piloten regelmäßige ärztliche Untersuchungen erlaubt und von den Arbeitnehmern zu dulden. Hier ist die ärztliche Untersuchung sogar

Beschäftigungsvoraussetzung. Weigert sich der Mitarbeiter, droht ihm zunächst die Abmahnung und dann die Kündigung, weil er gegen seine arbeitsvertraglichen Pflichten verstößt.

In jedem Fall ist es dem Mitarbeiter unbenommen, die konkrete Rechtsgrundlage für eine Gesundheitsüberprüfung zu erfragen – vor allem, wenn er Zweifel an der Rechtmäßigkeit hat.

Bieten die Bestimmungen keine Grundlage für eine Gesundheitsuntersuchung, so ist der Arbeitnehmer nicht verpflichtet, sich untersuchen zu lassen.

Trotzdem erkennt die Rechtsprechung des Bundesarbeitsgerichts einige wenige Ausnahmen an: Hat beispielsweise ein Krankenhaus aufgrund von Tatsachen den begründeten Verdacht, dass eine Krankenschwester psychisch erkrankt ist und infolge ihres Gesundheitszustands nicht mehr auf der Station eingesetzt werden kann, muss die Mitarbeiterin die Untersuchung dulden.

Begründete Zweifel des Arbeitgebers an der tatsächlichen Erkrankung eines krankgeschriebenen Mitarbeiters

Eine weitere Ausnahme bieten ernsthafte und begründete Zweifel des Arbeitgebers an der tatsächlichen Erkrankung eines krankgeschriebenen Mitarbeiters. Vermutet er beispielsweise ein wiederholtes Gefälligkeitsattest eines Arztes, darf er begründete Bedenken gegen die Neutralität oder die fachliche Qualifikation des vom Mitarbeiter ausgewählten Arztes grundsätzlich geltend machen. Dann hat der Arbeitgeber die Möglichkeit, den Medizinischen Dienst der Krankenversicherung (MDK) einzuschalten.

Generell gilt für die Gesundheitsuntersuchung:

- Schmerzhafte und risikoreiche Untersuchungen sind nicht zumutbar.
- Zu einer Blutentnahme ist der Arbeiternehmer in der Regel nicht verpflichtet.
- Allumfassende Untersuchungen ohne jede Einschränkung muss der Arbeitnehmer nicht hinnehmen.
- Das allgemeine Persönlichkeitsrecht des Mitarbeiters ist immer zu beachten.

9 So hilft der Arbeitgeber

Kosten von jährlich 50 Milliarden Euro aufgrund psychischer Krankheiten

Krankgeschriebene Arbeitnehmer verursachen aufgrund langer Fehlzeiten hohe Kosten. Allein in Deutschland beläuft sich der gesamtwirtschaftliche Schaden, der aufgrund von seelischen Erkrankungen am Arbeitsplatz entsteht, jährlich auf rund 50 Milliarden Euro.

Eine Untersuchung der Weltgesundheitsorganisation (WHO) im Jahr 2000 ergab, dass seit den 1990er-Jahren der arbeitsbedingte Stress zugenommen und sich seelische Befindungsstörungen unter den Arbeitnehmern epidemisch verbreitet haben.

Bitteres Fazit der WHO: „Beeinträchtigtes psychisches Befinden ist eine der häufigsten Ursachen für mangelhafte Arbeitsleistungen und krankheitsbedingte Abwesenheit von der Arbeit. Der größte Anteil an Fehlzeiten, geringer Produktivität, Behinderung und Unfällen ist auf depressive Störungen zurückzuführen. Stress, bedingt durch unrealistische Arbeitsanforderungen, sozial isolierende Arbeitsbedingungen, mangelhafte Mitgestaltungsmöglichkeiten und Handlungsspielräume, zunehmender Zeit- und Verantwortungsdruck sind die Hauptursachen psychischer Störungen."

Aber nicht nur krankgeschriebene Mitarbeiter schaden einem Unternehmen: Arbeitnehmer, die sich am Arbeitsplatz unwohl fühlen, sich nicht mehr mit ihrem Unternehmen identifizieren, ausgelaugt oder demotiviert sind, bringen – wenn überhaupt – oft nur die halbe Leistung (siehe Kapitel 5: „Boreout – des Burnouts jüngerer Bruder").

Das Arbeitsschutzgesetz verpflichtet

Das Arbeitsschutzgesetz bezieht sich auch auf die mentale Gesundheit der Mitarbeiter

Zwar kann und sollte jeder Einzelne viel tun, um auch in stressigen Zeiten gesund zu bleiben. Genauso viel können und vor allem müssen Unternehmen dazu beitragen, Stressquellen am Arbeitsplatz zu vermeiden. Dabei „hilft" ihnen das Arbeitsschutzgesetz, dessen Ziel es ist, Mitarbeiter vor Gefahren von Leben und Gesundheit bei der Arbeit und durch die Arbeit zu schützen.

Seit 1996 sind Unternehmen durch dieses Gesetz dazu verpflichtet, sich nicht nur um das körperliche, sondern auch um das psychische Wohl ihrer Mitarbeiter zu kümmern und für einen Arbeitsplatz zu sorgen, der die mentale Gesundheit nicht beeinträchtigt.

Vielen Arbeitgebern ist nicht bewusst, wie wichtig die Einhaltung des Arbeitsschutzgesetzes ist und in welchem Maße durch „ungesunde" Arbeitsplätze das gesamte Leben eines Mitarbeiters aus dem Lot geraten kann. Unternehmen sollte stets bewusst sein, dass sie einen großen Anteil an der Krankheit ihrer Arbeitnehmer haben.

Die Kündigung des betroffenen Arbeitnehmers wäre hier aber nicht nur unfair, sondern auch verheerend, denn es droht die Spirale des sozialen Abstiegs (Krankheit, Arbeitslosigkeit, Sozialhilfe), die Medizinern, Therapeuten und Sozialarbeitern nur allzu bekannt ist.

9.1 Was macht einen „guten" Arbeitsplatz aus?

Arbeitsplätze sollten nicht nur so gestaltet sein, dass Mitarbeiter ihre Arbeit gut machen. Sie sollten Arbeitnehmer auch dahingehend unterstützen, dass sie auch noch nach Dienstschluss genügend Kraft für private Ziele haben.

Eigenschaften „guter" Arbeitsplätze	Merkmale „schlechter" Arbeitsplätze
Kollegiale Atmosphäre	Kaum zwischenmenschlicher Rückhalt
Unterstützung und Förderung: Vorgesetzte, Kollegen und Qualifizierungsmöglichkeiten unterstützen die Mitarbeiter	Nur geringe Spielräume und wenig Selbstbestimmungsmöglichkeiten
Mitarbeiter und Chefs sitzen in einem Boot und unterstützen und motivieren sich gegenseitig	Mitarbeiter sind reine Befehlsempfänger, arbeiten unter Zeitdruck, haben keinen Überblick über Gesamtzusammenhänge und sind nicht motiviert
Offene Kommunikation verhindert Arbeitsplatzunsicherheit sowie Über- oder Unterforderung	Mitarbeiter müssen permanent um ihren Arbeitsplatz fürchten

Mitarbeiter nehmen Einfluss auf ihre Arbeit, haben Entwicklungsmöglichkeiten und können ihre Fähigkeiten einbringen	Mitarbeiter sind gestresst von den emotionalen Anforderungen, die ihre Tätigkeit mit sich bringt
Arbeitnehmer erhalten eine angemessene Anerkennung für ihre Leistungen	Keinerlei individuelle Anerkennung
Kultur der Fehlertoleranz, die es ermöglicht, aus Fehlern zu lernen	Jeder Fehler wird geahndet und sanktioniert
Gerechte Bezahlung	Ein unter dem Existenzminimum liegendes Einkommen

Zwischen Arbeitszufriedenheit und Leistung besteht ein direkter Zusammenhang

Es ist für Unternehmen relativ einfach, ein förderliches Betriebsklima zu schaffen und positive Arbeitsbedingungen umzusetzen. Leider schaffen es viele Arbeitgeber trotzdem nicht, ihren Mitarbeitern solche Arbeitsplätze zu bieten. Dabei belegen mehrere Studien, dass zwischen Arbeitszufriedenheit und Leistung ein direkter Zusammenhang besteht, der sich in Euro und Cent messen lässt.

Negative Arbeitsbedingungen verhindern dagegen optimale Leistung und machen Mitarbeiter auf Dauer krank.

9.2 Finanzieller Schaden für Unternehmen

Die Verluste durch kranke Mitarbeiter sind kostspielig. Die Weltgesundheitsorganisation (WHO) beziffert den volkswirtschaftlichen Schaden durch Stress und Überforderung am Arbeitsplatz jährlich auf rund 120 Milliarden Dollar (88 Milliarden Euro) allein in Europa und Nordamerika.

Psychische Erkrankungen führen zu längeren Fehlzeiten als physische Erkrankungen

Der Antrieb für Unternehmer, die Stressfaktoren im Betrieb zu beseitigen, ist natürlich nicht die Liebe zu den Mitarbeitern, sondern das Ergebnis einer einfachen Rechnung. Eine psychische Erkrankung führt im Schnitt zu einem Monat Arbeitsausfall (30,4 Kalendertage). Das ist doppelt so lang wie der Durchschnitt, nur eine Krebserkrankung führt zu noch längeren Fehlzeiten. Hinzu kommt, dass in der verdichteten Arbeitswelt Ausfälle heute schneller Folgen haben als früher: Der Einzelne ist schlechter ersetzbar, Puffer gibt es kaum noch in den Unternehmen.

Vorsorge zahlt sich für Unternehmen aus

Außerdem leisten die betroffenen Arbeitnehmer schon lange vor dem Zusammenbruch bis zu 40 Prozent weniger als ihre gesunden Kollegen. Was für Unternehmen ebenfalls sehr hohe Kosten verursacht. Untersuchungen belegen: Ein Euro Investition in eine moderne betriebliche Gesundheitsförderung zahlt sich nach drei Jahren mit mindestens 1,8 Euro aus. Im Mittelstand rechnet sich der investierte Euro noch stärker, denn durch die verminderten Fehlzeiten und die höhere Produktivität werden daraus zehn eingesparte Euro.

Konsequenzen psychischer Belastungen im Betriebsalltag

- Demotivierte Kollegen bedeuten auch mehr Stress für andere Mitarbeiter.
- Das Risiko für Fehler und Unfälle steigt mit wachsendem Stress an.
- Kreativität und Spontaneität nehmen ab.
- Mit Abnahme des körperlichen und psychischen Wohlbefindens nehmen die Fehlzeiten zu.
- Rückzugstendenz und Aggressivität der Betroffenen wirken negativ auf das Betriebsklima.
- Massiver Leistungsabfall und häufige Abwesenheiten bewirken Maßnahmen beim Arbeitgeber (Ausgliederung der Betroffenen aus dem Arbeitsprozess).

Eine betriebliche Gesundheitsförderung kann die Fehlzeiten um über 30 Prozent senken

Eine moderne betriebliche Gesundheitsförderung kann im Unternehmen die Fehlzeiten um über 30 Prozent senken. Trotzdem lässt in vielen Betrieben eine systematische Gesundheitsförderung zu wünschen übrig. Und viele Unternehmer und Führungskräfte wissen zu wenig über präventive Möglichkeiten. Die Haltung ist eher davon bestimmt, eingetretene Belastungen zu kompensieren als rechtzeitig vorzubeugen. Für die „Wartung der Maschinen“ wenden Unternehmen meist mehr Zeit und Geld auf als für die „Wartung der Mitarbeiter“.

Zudem herrscht verbreitet die Auffassung, dass sich personal- und gesundheitspolitische Maßnahmen in kürzester Zeit rechnen sollen.

9.3 Psychischen Belastungen im Unternehmen die Stirn bieten

Die Vermeidung und Beseitigung von psychischen und physischen Belastungsfaktoren gehört eindeutig zu den Aufgaben des Managements. Leider sehen oder wollen viele Führungskräfte die Schwierigkeiten nicht sehen. Dabei gibt es für alle Probleme relativ einfach umsetzbare Lösungen:

Problem: Mitarbeiter sind unmotiviert, liefern schlechte Arbeit ab, sind unzuverlässig.
Lösung 1: Identifikation mit dem Unternehmen fördern
Lösung 2: Mitarbeitern die Möglichkeit der Selbstbestimmung einräumen

Problem: Mitarbeiter halten Termine nicht ein, was meist ein Hinweis auf eine Überforderung ist.
Lösung 1: Zeitpuffer schaffen
Lösung 2: Zusätzliches Personal einstellen
Lösung 3: Gleitarbeitszeiten einführen
Lösung 4: Mitarbeiter motivieren

Problem: Mitarbeiter beschweren sich über den enormen Zeitdruck, unvollständige, fehlende oder zu späte Informationen, fehlerhafte Technik, fehlende Weiterbildungen.
Lösung 1: Arbeitsverteilung und -abläufe optimieren
Lösung 2: Kommunikation verbessern
Lösung 3: Hard- und Software erneuern
Lösung 4: Lern- und Entwicklungsmöglichkeiten anbieten
Lösung 5: Mitarbeiter bei der Lösung der Probleme einbinden

Problem: Konflikte und Mobbing zwischen Vorgesetzten und Mitarbeitern.
Lösung 1: Vorgesetze müssen sich fair und nachvollziehbar verhalten

Lösung 2: Soziale Kompetenz der Führungskräfte schulen
Lösung 3: Unsicherheiten bezüglich der Arbeitsplatzsicherheit und der Aufstiegsmöglichkeiten vermeiden

Problem: Fluktuation, Fehlzeiten, vorzeitiger Ruhestand, Suchtfälle nehmen zu.
Lösung 1: Zu hohe Arbeitsbelastungen abstellen
Lösung 2: Gezielte Ursachenforschung betreiben
Lösung 3: Arbeitsplatzwechsel innerhalb des Unternehmens ermöglichen
Lösung 4: Aufgabenbereich erweitern
Lösung 5: Zeitliche oder inhaltliche Freiheiten schaffen

9.4 Ist die Belegschaft gesund, freut sich der Chef

Produktivitätsmotor Nummer eins: emotionale Verbundenheit mit dem Unternehmen

Die emotionale Verbundenheit mit dem Unternehmen gilt als Produktivitätsmotor Nummer eins. Allerdings wissen viele deutsche Unternehmen nicht, wie sie diesen Motor zum Laufen bringen können. Sie wissen nicht, welche Anforderungen ihre Mitarbeiter übermäßig belasten und letztlich in ihrer Produktivität behindern. Zu diesem Ergebnis kam 2004 eine Untersuchung der Hans-Böckler-Stiftung, die nach den physischen und psychischen Belastungen im Unternehmen fragte.

Die meisten Unternehmer wissen nicht,

- wo in ihrem Unternehmen Stressquellen sind,
- welche Abläufe für Zeitdruck sorgen,
- wo eine Unterstützung in Form von Weiterbildung nötig wäre,
- in welchen Abteilungen sich Frust und Lethargie breitgemacht haben und
- welche Führungskräfte ihre Mitarbeiter durch ihr Verhalten zusätzlich belasten.

Es ist nicht schwierig oder teuer, die Stressquellen im Unternehmen ausfindig zu machen und zu beseitigen. Und das Engagement zahlt sich aus: Der Krankenstand sinkt und Zufriedenheit, Motivation und Produktion steigen.

Und obwohl der Mitarbeiter der wichtigste Erfolgsfaktor eines Unternehmens ist, schaffen es nur wenige Firmen, ihren

Mitarbeitern eine gesunde und förderliche Arbeitsumgebung zu bieten.

Unternehmen mit zufriedenen Mitarbeitern

Was Führungskräfte tun können, um das Klima im Unternehmen zu verbessern, (seelische) Krankheiten der Belegschaft zu vermeiden, zeigen folgende Beispiele:

Der Süßwarenhersteller Katjes änderte aufgrund einer Mitarbeiterbefragung seinen Schichtplan. Alle Mitarbeiter erhalten pro Monat zwei lange Wochenenden (vier Tage am Stück), um ausreichend ausspannen und Zeit mit der Familie verbringen zu können. Diese und einige weitere Änderungen wie kostenlose Getränke oder Hebekräne für schwere Säcke kosteten das Unternehmen zwar rund 100.000 Euro, führten aber auch zu einer höheren Mitarbeiterzufriedenheit und einem Krankenstand, der von sieben auf drei Prozent sank.

Der Bürobedarfhersteller Memo wollte den Marktdruck nicht an seine Mitarbeiter weitergeben und entschied sich bewusst gegen Telefonquoten, Umsatzvorgaben oder Prämienwesen im Callcenter.

Bei Volvo müssen alle Manager Anti-Burnout-Seminare besuchen

Und bei Volvo müssen alle Manager Anti-Burnout-Seminare besuchen, in denen sie lernen, Stresssymptome zu erkennen und diesen vorzubeugen. Außerdem lernen sie, eine Balance zwischen Arbeit, Familie und Zeit für sich selbst zu finden. Auslöser: Ende der 1990er-Jahre beklagten sich Volvo-Manager über den zu hohen Druck, zu viel Stress und körperliche Probleme. Mittlerweile können alle Mitarbeiter an den Seminaren teilnehmen. Volvo schätzt, dass mit den Seminaren pro Jahr an die 50 Burnout-Fälle verhindert werden. Eine Rechnung, die aufgeht: Fällt beispielsweise ein Manager ein halbes Jahr aus, kostet es das Unternehmen rund 450.000 Euro.

Einige Unternehmen investieren speziell in die Work-Life-Balance. Der Energiekonzern E.ON beispielsweise hilft seinen Mitarbeitern, Beruf, Freizeit und Familie miteinander zu vereinbaren und strebt an, dem individuellen Lebenshintergrund des Einzelnen gerecht zu werden: in Form von Telearbeit, längeren Auszeiten (Sabbatical) sowie flexiblen Arbeitszeitmodellen.

Und der Otto-Konzern beschäftigt zum Beispiel speziell einen Gesundheitsmanager, der sich mit seinem Team um Pro-

Bei Otto erstellen Gesundheitsmanager für Mitarbeiter ein individuelles Stressprofil

jekte kümmert, die das Gesundheitsbewusstsein der Mitarbeiter fördern. So können Otto-Angestellte mithilfe dieser Abteilung ihr individuelles Stressprofil und Lösungen entwickeln. Ferner lernen sie körperliche und mentale Entspannungstechniken kennen. Und für Mitarbeiter in Krisensituationen gibt es eine hausinterne Beratungsstelle.

Ohne Führungskräfte funktioniert aber auch das beste Gesundheitsmanagement nicht. Bei der Firma Bosch beispielsweise durchlaufen alle Führungskräfte spezielle Schulungen, die sie dafür sensibilisieren, dass sie die Verantwortung für die Gesundheit ihrer Mitarbeiter tragen.

Und das Logistikunternehmen Fiege geht noch einen Schritt weiter: Dort fließt das Thema Gesundheit sogar in die Führungskräftebewertung ein – was somit auch die Bonuszahlungen der Führungskräfte tangiert. Die betriebliche Gesundheitsförderung sollte also immer als Aufgabe des Managements verstanden werden.

Auch wenn diese Veränderungen die Unternehmen Geld kosten, sie führen zu zufriedeneren und gesünderen Mitarbeitern – was sich auf Dauer rechnet.

9.5 Möglichkeiten der Arbeitszeitreduzierung

Eine Flexibilisierung der Arbeitszeit beugt Stress und Burnout vor

Flexible Arbeitszeitsysteme spielen mittlerweile in vielen Unternehmen eine immer größere Rolle. Damit bieten Arbeitgeber ihren Mitarbeitern die Möglichkeit, ihr Arbeitspensum zu reduzieren oder während einer beruflichen Auszeit die Akkus wieder aufzuladen. Nicht nur für Arbeitnehmer wirkt sich diese Flexibilität positiv aus, auch Unternehmer können davon profitieren. So lassen sich beispielsweise flaue Auftragslagen kompensieren.

Im Folgenden stellen wir die in Deutschland gängigsten Möglichkeiten der Arbeitszeitreduzierung und die Möglichkeit einer Auszeit vor.

9.5.1 Sabbatical: Pause vom Job

Der Mitarbeiter steigt für eine bestimmte Zeit aus dem Arbeitsalltag aus

Das Sabbatical ist eine innovative Form der flexiblen Arbeitszeitgestaltung, bei der Mitarbeiter für eine bestimmte Zeit aus dem Arbeitsalltag aussteigen. Das Wort „Sabbatical" kommt von dem hebräischen Wort „Shabbat", das so viel wie „loslassen, aufhören" bedeutet.

Freistellung mit Weiterbeschäftigungsgarantie

Das Sabbatical bedeutet eine vom Unternehmen gebilligte, zeitlich begrenzte Freistellung vom Job – mit einer anschließenden Weiterbeschäftigungsgarantie. Dieser Freistellungszeitraum kann bis zu einem Jahr reichen.

Unternehmen gewähren häufig hochgradig belasteten Mitarbeitern diese Form der Auszeit, um ihnen die Chance zu geben, sich über einen längeren Zeitraum vom Arbeitsalltag zu erholen. Erfahrungen zeigen, dass beim Wiedereinstieg kaum Integrationsprobleme auftreten. Im Gegenteil: Häufig kommen Mitarbeiter hoch motiviert und mit doppeltem Eifer zurück.

Für Mitarbeiter liegen die Vorteile eines Sabbaticals auf der Hand. Ohne Angst um den Arbeitsplatz haben zu müssen und bei einer gewissen finanziellen Grundabsicherung können sie sich Wünsche erfüllen, die oft an mangelnder Freizeit scheitern: mehr Zeit für die Familie zu haben, eine längere Reise oder Weiterbildung zu machen.

Einvernehmliche vertragliche Arbeitsbefreiung zwischen Arbeitgeber und Mitarbeiter

Rechtlich gesehen ist ein Sabbatical eine einvernehmliche vertragliche Arbeitsbefreiung zwischen Arbeitgeber und Mitarbeiter. Aber auch in Kollektivverträgen wie Tarifverträgen und Betriebsvereinbarungen kann die Möglichkeit der Befreiung von der Arbeitspflicht vorgesehen sein. Die Rechtsfolge ist, dass der Arbeitsvertrag unverändert bestehen bleibt. Der Arbeitnehmer wird lediglich für einen befristeten Zeitraum von seiner Hauptpflicht, der Arbeitsleistung, befreit.

Das Gehalt läuft nicht weiter

Inwiefern der Arbeitgeber seine Hauptpflicht erfüllt, nämlich die Vergütung zu zahlen, hängt von den getroffenen Vereinbarungen zwischen Arbeitgeber und Mitarbeiter ab. Meist hat der Arbeitnehmer jedoch keinen Anspruch auf Gehaltszahlungen, schließlich erbringt er während seiner Auszeit auch keine Arbeitsleistung. Abweichungen hiervon sind aber Verhandlungssache. Auch die Dauer der Befreiung richtet sich nach der konkreten getroffenen Vereinbarung. Im Normalfall wird die Dauer eines Sabbaticals auf einen bestimmten Zeitraum befristet.

Die vertraglichen Nebenpflichten gelten auch während der Auszeit für beide Parteien weiterhin. So muss der Arbeitgeber (Stichwort: allgemeine Fürsorgepflicht) weiter dafür sorgen, dass persönliche Daten seines Arbeitnehmers geschützt sind. Der Mitarbeiter wiederum muss sich an das Wettbewerbsverbot und die Verschwiegenheitspflicht halten.

Gerade im Falle von Burnout eine gute Möglichkeit, die Batterien wieder aufzuladen

Für Burnout-Erkrankte und -Gefährdete kann diese Form der Auszeit eine hervorragende Möglichkeit sein, die Batterien wieder aufzuladen. Wer eine Auszeit plant, sollte auf jeden Fall rechtzeitig mit seinem Arbeitgeber reden und sich gut auf dieses Gespräch vorbereiten.

Zehn Tipps für die Planung eines Sabbaticals

1. Informieren: Gespräche mit Personen führen, die bereits ein Sabbatical hinter sich haben. Weitere wertvolle Tipps findet man zudem in Auszeit-Ratgebern. Wo vorhanden, können auch die Gleichstellungsbeauftragten des Unternehmens oder der Betriebsrat weiterhelfen.
2. Zeitpunkt: Den richtigen Zeitpunkt für die Auszeit wählen. Wer auf Zeit aussteigt, obwohl es in der Firma „brennt", muss sich nicht wundern, wenn Arbeitgeber und Kollegen missmutig reagieren.
3. Finanzierung: Ratsam ist, ein finanzielles Polster anzulegen. Im Schnitt benötigt man etwa 5.000 bis 8.000 Euro für ein halbes Jahr. Ein Gespräch mit dem Arbeitgeber kann sich lohnen. Wollen Mitarbeiter zum Beispiel für sechs Monate aussteigen, können sie ihren Gehaltsanspruch von sechs Monaten auf zwölf Monate verteilen – und bekommen somit jeden Monat die Hälfte ihres Gehalts.
4. Vertretung: Ist man angestellt, sollte man dem Arbeitgeber einen kompetenten Kollegen als beruflichen Ersatz empfehlen. Selbstständige sollten für die Auszeit eine geeignete Vertretung suchen.
5. Vereinbarung: Ein Sabbatical sollte keine negativen Auswirkungen auf Arbeitsplatz und Position haben. Deshalb sollte man mit seinem Arbeitgeber schriftlich eine Rückkehrregelung vereinbaren, die einem die gleiche oder eine gleichwertige Position garantiert.
6. Krankenversicherung: Wer aussteigt, muss sich selber um seine Krankenversicherung kümmern. Arbeitnehmer, die bei einer privaten Krankenversicherung versichert sind, können ihre Verträge weiterführen, müssen jedoch den Arbeitgeberanteil zusätzlich übernehmen. Wer bei einer gesetzlichen Krankenkasse ver-

sichert ist, muss sich bis spätestens drei Monate nach Ende des Arbeitsvertrages freiwillig versichern. Wenn der Partner weiter arbeitet, ist die Familienversicherung die günstigste Lösung. Während privat Versicherte in der Regel einen weltweiten Versicherungsschutz haben, müssen gesetzlich Versicherte für Reisen ins außer europäische Ausland zusätzlich eine private Auslandskrankenversicherung abschließen. Gesetzliche Versicherungen garantieren die Standardleistungen nur in den EU-Staaten.

7. Absicherung: Auf jeden Fall sollten Aussteiger ihre Rentenversicherungsbeiträge weiter zahlen. Versicherungen wie Hausrat, Haftpflicht und Rechtschutz sollte man auf keinen Fall ruhen lassen oder kündigen.
8. Abmeldung: Jedoch muss nicht alles weiterlaufen, wenn man seine Auszeit im Ausland verbringt. Abonnements und Mitgliedschaften kann man ruhen lassen oder kündigen. Aus Kostengründen sollte man auch das Auto abmelden.
9. Wohnraum: Wer länger auf Reisen geht und die Erlaubnis vom Vermieter hat, sollte seinen Wohnraum untervermieten. Dies spart zum einen Kosten, zum anderen wird der Wohnraum „gehütet".
10. Ankunft: Wer sein Sabbatical für eine Reise nutzt, sollte zwischen Rückkehr und Arbeitsbeginn Zeit einplanen. Zum einen muss man sich akklimatisieren, zum anderen muss alles, was ruht oder gekündigt wurde, wieder abgeschlossen werden.

9.5.2 Jobsharing – Arbeitsplatz und -zeit teilen

Zwei Mitarbeiter teilen sich einen Arbeitsplatz

Das Jobsharing ist eine Vereinbarung zwischen Arbeitgeber und Arbeitnehmern, sich die Arbeitszeit an einem einzigen Arbeitsplatz zu teilen. Allerdings müssen nicht zwingend zwei Halbtagsstellen entstehen. Möglich ist zum Beispiel auch, dass sich drei Mitarbeiter zwei Arbeitsstellen teilen.

Die meisten Mitarbeiter bevorzugen die Variante, ihre Wochenstunden auf 70 Prozent zu reduzieren. Vorteil: Diese Arbeitszeitverringerung hat nur geringe Auswirkungen auf das Gehalt.

Gerade nach der Elternzeit fühlen sich viele Frauen vom Jobsharing angesprochen – besonders auch Führungskräfte. Deshalb ist es auch häufig gar nicht so schwierig, eine geeignete Jobsharing-Partnerin zu finden. Für viele Firmen ist Jobsharing ein Weg, ihre qualifizierten Mitarbeiterinnen an sich zu binden. Arbeitnehmerinnen, die sich einen Arbeitsplatz teilen, sind häufig besonders motiviert: Die geteilte Arbeit verursacht weniger Stress, was zu einer steigenden Arbeitsleistung führt.

Gibt es im eigenen Betrieb kein Pendant, kann die Möglichkeit des Jobsharings trotzdem gegeben sein. Eine Alternative ist die externe Suche nach einem geeigneten Job-Partner, beispielsweise via Internet oder per Anzeige.

Sechs Tipps für die Job-Partnerschaft

1. Harmonie: Die künftigen Job-Partner sollten auf einer Wellenlänge sein. Kennen sie sich nicht, sollten sie sich bei einem Treffen im Vorfeld „beschnuppern".
2. Überlappend arbeiten: Absprachen und Übergaben sind das A und O. Deshalb ist es sinnvoll, mindestens eine Stunde, besser noch einen halben Tag überlappend zu arbeiten.
3. Erreichbarkeit: Für Fragen von Kollegen sollten die Job-Partner auch nach Dienstschluss erreichbar sein.
4. Vertrag: Um Auseinandersetzungen zu vermeiden, ist es wichtig, die Kompetenzen in den Arbeitsverträgen klar zuzuordnen. Dort sollte auch die Vertretung bei Krankheit und Urlaub geregelt sein. Die meisten wünschen sich, dass der jeweilige Job-Partner einspringt: Bis der eine wieder bei der Arbeit ist, arbeitet der andere Vollzeit.
5. Kündigung: Kündigt einer der Job-Partner, sollte das Arbeitsverhältnis des anderen trotzdem bestehen bleiben.
6. Zukunft: Wer perspektivisch wieder Vollzeit beschäftigt werden möchte, sollte das unbedingt im Arbeitsvertrag festhalten. Häufig planen Mütter und Väter, wieder ganztags zu arbeiten, wenn die Kinder größer sind.

9.5.3 Teilzeit – Lohn gegen Freizeit tauschen

Reduzierung der Arbeitszeit bei anteiliger Reduzierung des Gehalts

Bei der Teilzeit reduzieren Mitarbeiter ihre Arbeitszeit um tägliche Arbeitsstunden, einen Wochentag oder ein vereinbartes Monats- oder Jahreskontingent – bei anteiliger Reduzierung des Gehalts.

Für ein Teilzeitarbeitsverhältnis gilt die Gleichbehandlungspflicht. Das heißt, Arbeitgeber müssen Teilzeitmitarbeiter genauso behandeln wie Vollzeitbeschäftigte: So gelten ohne Einschränkungen alle Schutzvorschriften des Arbeitsrechts wie beispielsweise Mutterschutz, Entgeltfortzahlung im Krankheitsfall oder Anspruch auf Urlaub. Die Aufnahme eines Teilzeitzeitarbeitsverhältnisses oder der Wechsel in ein solches darf nicht zu Benachteiligungen durch den Arbeitgeber führen – zum Beispiel bei Weiterbildungen.

Das 2001 in Kraft getretene Teilzeit- und Befristungsgesetz verlangt vom Arbeitgeber, allen Mitarbeitern, auch solchen in leitenden Funktionen, Teilzeitbeschäftigung zu ermöglichen. Voraussetzung: Das Arbeitsverhältnis besteht seit sechs Monaten und der Arbeitgeber beschäftigt in der Regel mehr als 15 fest angestellte Arbeitnehmer.

Dem Arbeitgeber dürfen durch die Teilzeit keine unverhältnismäßig hohen Kosten entstehen

Will ein Mitarbeiter seine Arbeitszeit reduzieren, muss er seinen Wunsch drei Monate vorab mündlich beim Arbeitgeber anmelden. Die Entscheidung muss spätestens einen Monat vor dem Beginn der Teilzeit schriftlich erfolgen. Beim Arbeitgeber dürfen dem Teilzeitwunsch des Mitarbeiters keine betrieblichen Gründe entgegenstehen. Dies ist beispielsweise der Fall, wenn durch den Teilzeitarbeitsplatz unverhältnismäßig hohe Kosten entstehen würden.

Die Entscheidung, zukünftig Teilzeit zu arbeiten, sollte wohl überlegt sein. Hat sich ein Arbeitnehmer für die Teilzeit entschieden, so kann er eine erneute Verringerung der Arbeitszeit frühestens wieder nach zwei Jahren verlangen. Möchte er seine Arbeitszeit wieder erhöhen, muss er zwar bei der Besetzung einer Vollzeitstelle bei gleicher Eignung bevorzugt werden, dem können jedoch betriebliche Gründe entgegenstehen.

Motive für Arbeitnehmer

Wer Vollzeit beschäftigt ist, hat kaum die Möglichkeit, seine „Work-Life-Balance“ an verschiedene Lebensphasen anzupassen. Häufiger Grund, seine Arbeitszeit reduzieren zu wollen, ist der Wunsch, mehr Zeit mit der Familie zu verbringen.

Teilzeit ist nach wie vor eine Domäne der Frauen

Obwohl in die traditionelle Aufgabenverteilung in den letzten Jahren Bewegung gekommen ist und Männer eher bereit sind, familiäre Aufgaben zu übernehmen, ist Teilzeit noch immer eine Domäne der Frauen, denn viele wollen trotz Familie berufstätig bleiben.

Ein zeitlich begrenzter Ausstieg kann berufliche Risiken mit sich bringen: verpasste Aufstiegs- und Weiterentwicklungschancen, stark veränderte Arbeitsbedingungen wie Neuerungen in Technik oder Organisation, eine Beschäftigung unterhalb der einst erworbenen Qualifikationsebene. Diese Risiken lassen sich minimieren, wenn man während der Elternzeit bei seinem Arbeitgeber arbeitet. Doch Vorsicht: Mehr als 30 Wochenstunden darf der Elternteil, der die Elternzeit nutzt, nicht arbeiten. Sonst wird das Elterngeld gekürzt.

Ein weiterer wichtiger Grund für den Teilzeitwunsch kann die häusliche Pflege kranker oder älterer Familienmitglieder sein. Aber auch das Bedürfnis, mehr Zeit für Hobbys, Ehrenämter, soziale oder politische Aktivitäten haben zu wollen, sind starke Motive für Arbeitnehmer, ihre Arbeitszeit zu reduzieren. Der Wunsch nach einer Aus- oder Weiterbildung kann ebenfalls zur Reduzierung der Arbeitszeit beitragen.

Nicht selten sind in der heutigen Zeit auch zusätzliche Beschäftigungen bei einem anderen Arbeitgeber oder erste kleine Schritte in die Selbstständigkeit Gründe für den Teilzeitwunsch.

Ein Teilzeitmodell kann auch beim Wiedereinstieg in den Job helfen

Arbeitnehmer, die in ihrem Job regelmäßig hohen Belastungen ausgesetzt sind, sollten handeln. Für sie können regelmäßige Auszeiten als Mittel zum Stressabbau hilfreich sein. Aber auch nach einer längeren Arbeitsunterbrechung kann es den Wiedereinstieg erleichtern, wenn man zunächst mit einer verringerten Stundenzahl anfängt.

Bei so genannten Workaholics können individuell verkürzte Arbeitszeiten vermeiden helfen, dass das Leben nur noch aus dem Beruf besteht. Grundsätzlich sollten Arbeitnehmer, für die der Job einen sehr großen Raum im Leben einnimmt, sich mit diesem Thema auseinandersetzen. Denn spätestens mit dem Ruhestand kann es sonst zu Problemen kommen. Wer den Arbeitseinsatz abrupt von „hundert auf null“ zurückfährt, droht in ein „Loch“ zu fallen. Die Möglichkeit der Altersteilzeit kann daher eine sanfte Alternative sein, mit der der Arbeitnehmer langsam aus dem Berufsleben „gleitet“.

Motive für Arbeitgeber

Die demografische Entwicklung in Deutschland wird in den nächsten Jahren zu einer zunehmenden Verknappung qualifizierter Arbeitskräfte führen. Umso wichtiger für Unternehmen, ihre qualifizierten Mitarbeiter an sich zu binden.

Das Angebot von attraktiven Arbeitsplätzen bindet qualifizierte Kräfte

Zahlreiche Umfragen zeigen, dass vor allem jüngere Arbeitnehmer bei der Gestaltung ihrer persönlichen Arbeitszeit großen Wert auf Selbstbestimmung legen. Selbst Unternehmen, die ihre Teilzeitstellen eigentlich nicht ausweiten wollen, sehen sich immer öfter gezwungen, diesem Trend im Einzelfall zu folgen.

Bei der Commerzbank zum Beispiel arbeiten mittlerweile rund 20 Prozent der Mitarbeiter verkürzt. Für die Bank bedeutet dies zwar einen größeren organisatorischen Aufwand, dennoch gehört Teilzeitarbeit für das Geldinstitut in der heutigen Zeit einfach dazu.

Aber nicht die Dauer der täglichen Arbeitszeit allein ist für die Zufriedenheit des einzelnen Mitarbeiters ausschlaggebend, sondern Dauer, Lage und Verteilung. Ein weiterer wichtiger Grund für Arbeitgeber, dem Teilzeitwunsch der Mitarbeiter zu folgen. Denn zufriedene Arbeitnehmer sind produktiver und fehlen seltener.

Teilzeit-Modelle können Auslastungsschwankungen kompensieren

Existieren im Unternehmen Unterauslastungen oder droht Personalabbau, stellen Teilzeit-Modelle durchaus eine Alternative für den Arbeitgeber dar. Motivationsverluste bei der Belegschaft, erhebliche Kosten im Fall betriebsbedingter Entlassungen oder Imageschäden werden vermieden. Fachkräfte und Kompetenzen bleiben dem Unternehmen erhalten.

Im Folgenden gehen wir auf die verschiedenen Teilzeit-Modelle näher ein. Alle angeführten Beispiele basieren auf einer Vollzeitstelle mit einer bisherigen wöchentlichen Arbeitszeit von 40 Stunden (fünf mal acht Stunden).

9.5.3.1 Teilzeit-Modelle

„Teilzeit classic“: Täglich mehr Freizeit

Reduzierung der Tagesarbeitszeit

Bei diesem Teilzeit-Modell reduzieren Arbeitnehmer die tägliche Arbeitszeit stundenweise. Für Arbeitgeber ist dieses Modell die am einfachsten umzusetzende Teilzeit-Form, da die Arbeitsstunden regelmäßig verteilt sind. Mitarbeiter profitieren von einem täglichen Freizeitgewinn.

Beispiel für eine 30-Stunden-Woche:
Wöchentliche Arbeitszeit: 30 Stunden
Verteilung: 5 x 6 Stunden
Freizeitgewinn: täglich 2 Stunden

Beispiel für eine 20-Stunden-Woche:
Wöchentliche Arbeitszeit: 20 Stunden
Verteilung: 5 x 4 Stunden
Freizeitgewinn: täglich 4 Stunden

„Teilzeit classic vario“: Ganze freie Tage pro Woche

Die wöchentliche Arbeitszeit auf weniger Tage verteilen

Die wöchentliche Arbeitszeit kann auf zwei bis vier Tage Voll- oder Teilzeit verteilt werden. Oder auch auf fünf Tage, tageweise Vollzeit/Teilzeit kombiniert. Für Arbeitgeber hat dieses Modell den Vorteil, dass sie bei schwankenden Arbeitsaufkommen eine bessere Auslastung haben. Mitarbeiter gewinnen ganze freie Tage und/oder einzelne Stunden pro Tag.

Beispiel für eine 3-Tage-Woche:
Wöchentliche Arbeitszeit: 15 Stunden
Verteilung: 1 x 6 plus 1 x 4 plus 1 x 5 Stunden
Freizeitgewinn: täglich 2 bis 4 Stunden und 2 freie Tage

Beispiel für eine 4-Tage-Woche:
Wöchentliche Arbeitszeit: 24 Stunden
Verteilung: 4 x 6 Stunden
Freizeitgewinn: täglich 2 Stunden und ein freier Tag

Fortzahlungspflichtige Arbeitsstunden

Mitarbeiter sollten ihre individuelle Arbeitszeit schriftlich festhalten lassen

Mitarbeiter sollten ihre individuelle Arbeitszeit schriftlich festhalten lassen. Die einzelne Verteilung der Arbeitstage auf die Woche oder das Jahr wird nämlich dann relevant, wenn der Arbeitnehmer krank ist, Urlaub nimmt oder ein Feiertag auf seinen Arbeitstag fällt. Nur dann müssen ihm die Ausfallzeiten bezahlt werden.

„Teilzeit invest“: Freizeit oder Gehalt ansparen

Der Arbeitnehmer arbeitet unverändert Vollzeit, bekommt allerdings nur die Teilzeit vergütet. Die Differenz wird entweder als Zeit- oder als Geldguthaben auf einem „Konto" angespart. So können Arbeitnehmer mehrmonatige Arbeitspausen oder den vorgezogenen Ruhestand umsetzen. In dieser Phase erhält der Arbeitnehmer sein Teilzeitgehalt weiter.

Während der Vollzeit Zeit- oder Geldguthaben ansparen

Beispiel für mehrere Monate Urlaub:
Wöchentliche Arbeitszeit: 40 Stunden
Verteilung: 5 x 8 Stunden
Ansparform: 1/12 des Gehalts pro Jahr
Ansparzeitraum: 3 Jahre
Freizeitgewinn: 3 Monate Urlaub

Beispiel für ein Sabbatical:
Vertraglich vereinbarte Arbeitszeit: 30 Stunden pro Woche
Tatsächliche Arbeitszeit: 40 Stunden pro Woche
Verteilung: 5 x 8 Stunden
Ansparform: 10 Stunden pro Woche
Ansparzeitraum: etwa 3 Jahre
Freizeitgewinn: ein ganzes Jahr frei

Beispiel für den vorgezogenen Ruhestand:
Vertraglich vereinbarte Arbeitszeit: 30 Stunden pro Woche
Tatsächliche Arbeitszeit: 40 Stunden pro Woche
Verteilung: 5 x 8 Stunden
Ansparform: 10 Stunden pro Woche
Ansparzeitraum: etwa 6 Jahre
Vorruhestand: 2 Jahre früher

„Teilzeit team": Variable Verteilung im Team

Der Arbeitgeber gibt vor, wie viele Arbeitnehmer in bestimmten Zeitabschnitten anwesend sein müssen. Das Team jedoch spricht sich untereinander ab und plant die persönliche Arbeitszeit. Da hier kurzfristige Änderungen jederzeit möglich sind, ist es für Arbeitnehmer die flexibelste Form der Teilzeit. Für Arbeitgeber bedeutet dieses Modell eine optimale Auslastung seiner Mitarbeiter und eine hohe Kundenorientierung.

Im Team wird geregelt, wer in bestimmten Zeitabschnitten anwesend ist

Beispiel für ein Fünfer-Team:
Tägliche Servicezeit: Montag bis Freitag, 8:00 bis 20:00 Uhr
Besetzung: 2 Mitarbeiter von 8:00 bis 10:00 Uhr

3 Mitarbeiter von 10:00 bis 16:00 Uhr
2 Mitarbeiter von 16:00 bis 20:00 Uhr
wöchentliche Arbeitszeit pro Mitarbeiter: 30 Stunden
Verteilung: 5 x 6 Stunden
Freizeitgewinn: täglich 2 Stunden

BEISPIEL FÜR EIN SECHSER-TEAM:
Tägl. Servicezeit: Montag bis Freitag, 10:00 bis 20:00 Uhr; Samstag, 10:00 bis 13:00 Uhr
Besetzung Montag bis Freitag: 2 Mitarbeiter von 10:00 bis 12:00 Uhr,
3 Mitarbeiter von 12:00 bis 18:00 Uhr,
2 Mitarbeiter von 18:00 bis 20:00 Uhr
Besetzung Samstag: 3 Mitarbeiter von 10:00 bis 13:00 Uhr
Vertragliche wöchentliche Arbeitszeit: 23 Stunden (tatsächliche Arbeitszeit kann wöchentlich variieren)
Verteilung zum Beispiel: 2 x 6 Stunden + 2 x 4 Stunden + 3 Stunden am Samstag
Freizeitgewinn: täglich 2 bis 4 Stunden und ein freier Tag

„Teilzeit saison": Längere Freizeitphasen

In Zeiten niedriger Auslastung haben Mitarbeiter frei, bei ganzjährig gleich bleibendem monatlichen Grundgehalt

Saisonbetriebe benötigen hauptsächlich in „ihrer" Saison vollzeitbeschäftigte Mitarbeiter. Um Entlassungen außerhalb der Hochsaison zu vermeiden, geben die Arbeitgeber in Zeiten niedriger Auslastung ihren Mitarbeitern frei. Die Angestellten erhalten ganzjährig ein gleich bleibendes monatliches Grundgehalt. Diese Form hat für Saisonbetriebe enorme Vorteile, denn die kostenintensive Suche und Einarbeitung neuer Mitarbeiter für die nächste Saison entfällt.

BEISPIEL FÜR EINE SAISON VON 4 MONATEN PRO JAHR:
Jährliche Arbeitszeit: 4 Monate Vollzeit
Wöchentliche Arbeitszeit: 40 Stunden
Verteilung: 5 x 8 Stunden
Freizeitgewinn: 8 Monate frei pro Jahr
Gehalt/Lohn: monatlich 1/3 des Vollzeitgehalts/-lohns

BEISPIEL FÜR 2 SAISONS VON JE 3 MONATEN PRO JAHR:
Jährliche Arbeitszeit: 2 x 3 Monate Vollzeit
Wöchentliche Arbeitszeit: 40 Stunden

Verteilung: 5 x 8 Stunden
Freizeitgewinn: 2 x 3 Monate frei pro Jahr
Gehalt/Lohn: monatlich 1/2 des Vollzeitgehalts/-lohns

Prinzip der Durchschnittsbezahlung

Trotz der ungleichmäßigen Verteilung der Arbeitszeit, können Arbeitnehmer ein gleichmäßiges monatliches Grundgehalt beziehen – Berechnungsgrundlage ist die vertraglich vereinbarte Arbeitszeit. Der Mitarbeiter ist dadurch nicht nur finanziell abgesichert, sondern hat einen durchgehenden Sozialversicherungsschutz.

Finanzielle Planbarkeit und durchgehender Sozialversicherungsschutz

„Teilzeit home": Arbeit von zuhause und täglich mehr Freizeit

Bei dieser Teilzeitform arbeiten die Mitarbeiter fast ausschließlich von zuhause. Um die Erreichbarkeit für den Arbeitgeber zu gewährleisten, vereinbaren die Parteien eine konkrete Arbeitszeit. Um die Bindung zum Arbeitgeber nicht zu verlieren, arbeiten die Mitarbeiter ab und zu einzelne Tage im Betrieb. Mitarbeiter profitieren doppelt: Sie gewinnen Freizeit und sparen Fahrtkosten.

Freizeitgewinn und Fahrtkostenersparnis

Beispiel für 4 Tage Teilzeit:

Wöchentliche Arbeitszeit: 24 Stunden
Verteilung: 4 x 6 Stunden
Freizeitgewinn: täglich zwei Stunden und ein freier Tag

Beispiel für 4 Tage Vollzeit:

Wöchentliche Arbeitszeit: 32 Stunden
Verteilung: 4 x 8 Stunden
Freizeitgewinn: ein freier Tag

Beispiel für 5 Tage Vollzeit/Teilzeit kombiniert:

Wöchentliche Arbeitszeit: 34 Stunden
Verteilung 2 x 8 und 3 x 6 Stunden
Freizeitgewinn: 3 x 2 Stunden

Vertrauen oder Kontrolle?

Die Arbeit von zuhause stellt hohe Anforderungen an den Mitarbeiter und seine Führungskraft. Das notwendige Vertrauen entsteht nur, wenn beide Seiten offen und ehrlich miteinander umgehen.

Eine zeitliche Kontrolle kann nur dort entstehen, wo die Anwesenheit unmittelbare Schlüsse auf die erbrachte Leistung zulässt – zum Beispiel bei Mitarbeitern im Empfang. Ein Verfahren zur Messung der Arbeitszeit kann ein Selbstaufzeichnungs-Instrument wie ein Formular sein. Dort werden allerdings nicht Beginn und Ende der Anwesenheit oder Pausen vermerkt, sondern es wird lediglich die reine Arbeitszeit festgehalten.

Nicht die reine Arbeitszeit zählt, sondern das Ergebnis im Verhältnis zur Arbeitszeit

Es sollte jedoch nicht ausschließlich die Arbeitszeit als Leistungsbeweis im Vordergrund stehen, sondern das Ergebnis im Verhältnis zur Arbeitszeit.

Grundsätzlich gilt: Bevor Arbeitnehmer ihren Teilzeitwunsch beim Arbeitgeber äußern, sollten sie sich von ihren Sozialversicherungsträgern (Krankenkasse und Rentenversicherung), dem Finanzamt und einem Steuerberater beraten lassen. Denn die steuer- und sozialversicherungsrechtlichen Fragen sind zum Teil sehr kompliziert.

9.5.3.2 Teilzeit-Argumente

Obwohl die Teilzeitarbeit im Trend liegt, sträuben sich viele Unternehmen noch immer, die Möglichkeit von Teilzeitarbeit zuzulassen.

Im Folgenden wollen wir näher auf Argumente für und gegen Teilzeit eingehen.

Vorteile für Mitarbeiter:	**Nachteile für Mitarbeiter:**
mehr Freizeit	geringeres Gesamteinkommen
höhere Lebensqualität	geringere Rente
Steuerersparnis, deshalb ein höheres Nettoeinkommen pro Stunde	gegebenenfalls Kommunikations- und Informationsdefizite
flexiblere Arbeitszeitgestaltung	
höhere Motivation	
weniger Stress	
mehr Kreativität	

VORTEILE FÜR ARBEITGEBER:	NACHTEILE FÜR ARBEITGEBER:
höhere Effizienz	höherer Verwaltungsaufwand
bessere Auslastung	höherer Koordinationsaufwand
flexiblerer Einsatz der Mitarbeiter	gegebenenfalls Ausbau von betrieblicher Infrastruktur
motiviertere Mitarbeiter	gegebenenfalls höhere Sozialausgaben
kreativere Mitarbeiter	

Teilzeitarbeit ist bei fast jeder Tätigkeit und in Unternehmen vieler Branchen umsetzbar. Dennoch behaupten Arbeitgeber, dass die Teilzeit im Unternehmen schwer umsetzbar ist. Im Folgenden einige gängige Argumente und Entkräftungen.

ARGUMENT: TEILZEITARBEIT IST ZU TEUER

Wenn die Teilzeitarbeit dazu führt, dass mehr Mitarbeiter eingestellt werden müssen, kann es zu steigenden Kosten im Unternehmen kommen. Zum Beispiel ist die Weiterbildung von Teilzeitkräften teurer, da sie weniger Gelegenheit haben, die Kosten zu amortisieren. Auch zusätzliche Arbeitsplätze, Sozialleistungen, eventuell längere Vor- oder Nachbereitungszeiten kosten den Arbeitgeber zusätzlich Geld.

Teilzeitmodelle können zusätzliche Mitarbeiter erforderlich machen, was steigende Kosten nach sich zieht

Dennoch sollten Unternehmen den Teilzeitwunsch ihrer Mitarbeiter nur ablehnen, wenn diese Kosten unverhältnismäßig hoch sind. Denn diesen gestiegenen Kosten stehen auch finanzielle Vorteile gegenüber. Neben der geförderten Altersteilzeit stellen auch Langzeitkonten in Verbindung mit Teilzeitarbeit potenzielle Kostenvorteile dar. Diese ergeben sich vor allem daraus, dass der Arbeitnehmer selbst für seine spätere Freistellung anspart. Auch Überstundenzuschläge können entfallen. Laut Rechtsprechung des Europäischen Gerichtshofes fallen diese nämlich erst bei dem Überschreiten der Vollzeitgrenze an.

ARGUMENT: SCHICHT- UND TEILZEITARBEIT SCHLIESSEN SICH AUS

Obwohl die Dienstpläne für Schichtarbeit in der Regel auf einheitlichen Arbeitszeiten basieren, sind unterschiedliche persönliche Arbeitszeiten mit schichtgebundenen Tätigkeiten durchaus zu vereinbaren.

Die Arbeitsplanung im Schichtbetrieb wird vielfach flexibler

In der Realität können sich gerade die starren, einheitlichen Schichtpläne als wirklichkeitsfremd herausstellen – besonders wenn es um ein plötzlich erhöhtes Arbeitsaufkommen oder Vertretungen bei Urlaub oder Krankheit geht. Folge: Unternehmen behelfen sich mit Hilfskonstruktionen wie Aushilfen oder externen Personen, um auf den Engpass reagieren zu können. Haben Mitarbeiter allerdings die Möglichkeit, ihre Schicht- und Dienstpläne flexibel zu gestalten, müssen Arbeitgeber in Notsituationen nicht auf externes Personal setzen.

Argument: Teilzeit ist für Spezialisten und Führungskräfte nicht geeignet

In der Praxis sind Fach- und Führungsaufgaben meist nicht voneinander getrennt. Folge: Die Mitarbeiter können überfordert sein, was zu überlangen Arbeitszeiten führt. Eine mögliche Lösung, um die Überbelastung zu minimieren, ist die teilweise Trennung von Fach- und Führungsaufgaben.

Wenn Mitarbeiter motiviert sind, ist die Dauerpräsenz von Führungskräften nicht mehr erforderlich

Die kürzeren Arbeitszeiten wirken sich positiv auf die Effizienz aus: Routinearbeiten können delegiert werden, aber auch die Führungsverantwortung kann delegiert werden. Denn mittlerweile gilt es nicht mehr, auf seine Mitarbeiter „aufzupassen“ oder sie gar zu „beherrschen“. Viel wichtiger ist es, sie zur selbstständigen Arbeit zu motivieren.

Argument: Für Teilzeit interessiert sich die Belegschaft nicht

Unternehmer, die dieses Argument anführen, gehen davon aus, dass ihre Mitarbeiter eine homogene Gruppe sind – mit identischen Bedürfnissen. Aber gerade bei dem Thema Arbeitszeit haben Arbeitnehmer unterschiedliche Motive, die sich zumeist auch noch im Laufe der aufeinander folgenden Lebensabschnitte ändern – zum Beispiel durch Familienplanung, Weiterbildung, Hobbys.

Argument: Teilzeit können sich die Mitarbeiter nicht leisten

Die These, Teilzeitarbeit können sich viele nicht leisten, entspricht nicht der Realität. Wenn dem so wäre, müsste der Anteil an Teilzeitkräften parallel zum Einkommen steigen. Aber

Teilzeit ist am stärksten in den unteren Einkommensgruppen verbreitet

genau das ist nicht der Fall: Teilzeit ist am stärksten in den unteren Einkommensgruppen verbreitet. Es gibt Unternehmen, die ihren Mitarbeitern bei einer Beförderung nicht mehr Gehalt, sondern eine verkürzte Arbeitszeit anbieten. Vorteil: Die Beförderung „belastet" nicht den Etat. Und die Antwort auf die Frage, ob eine Führungskraft Vollzeit zur Verfügung stehen muss, wird elegant „umschifft".

Immer mehr Arbeitnehmer wünschen sich mehr Lebensqualität durch flexiblere und vor allem kürzere Arbeitszeiten. Egal, ob diese Mitarbeiter mehr Zeit für Freunde und Familie wünschen, eine längerfristige Weiterbildung absolvieren wollen oder für einen längeren Zeitraum aussteigen möchten, Arbeitgeber sollten auf diese Bedürfnisse eingehen. Denn beide Seiten profitieren von flexibleren Arbeitszeiten: Der Mitarbeiter arbeitet motivierter und effizienter, was zu niedrigeren Ausfallzeiten führt – wovon wiederum der Arbeitgeber profitiert.

In vielen Unternehmen herrscht die Auffassung, dass sich bei Fach- und Führungskräften der berufliche Erfolg und kürzere Arbeitszeiten ausschließen würden. Fallen diese Mitarbeiter jedoch aufgrund von Überlastung aus, können für Unternehmen erhebliche Kosten entstehen.

Ausführliche Informationen für Mitarbeiter und Arbeitgeber bietet das Bundesministerium für Arbeit und Soziales auf seinen Internetseiten (siehe Teil 3: „Nützliche Adressen und Literatur").

9.6 Betriebliche Prävention

Ein modernes betriebliches Gesundheitsmanagement rechnet sich für Unternehmen auf lange Sicht enorm: Eine Europressedienst-Untersuchung aus dem Jahr 2005 zeigt, dass der Leistungsindex bei Unternehmen mit einer gesunden Belegschaft deutlich höher ist. Und dies zu geringen Kosten, wie die Analyse weiter offenbart.

Schockierend auch, dass nur 110 von den 500 befragten Unternehmen überhaupt über ein Gesundheitskonzept verfügen. Freuen können sich dagegen die Mitarbeiter des Automobilherstellers Volkswagen, der zum Beispiel 130 Euro im Jahr in die Gesundheit eines einzelnen Mitarbeiters investiert – der Durchschnitt liegt bei 60 Euro.

Kriterien einer modernen betrieblichen Gesundheitspolitik in Unternehmen

Die betriebliche Gesundheitsförderung sollte als Unternehmensleitlinie fixiert werden

Die betriebliche Gesundheitsförderung bedeutet für ein modernes Unternehmen mehr als eine vom Gesetz vorgeschriebene – womöglich lästige – Verpflichtung. Vielmehr dokumentiert es nach innen und nach außen, dass ihm die Gesundheit seiner Mitarbeiter wichtig ist, jenseits bloßer Lippenbekenntnisse. Die betriebliche Gesundheitsförderung sollte deshalb als schriftlich formulierte Unternehmensleitlinie fixiert werden, um ihren Stellenwert deutlich zu machen. Auch den Führungskräften, die diese Leitlinie verinnerlichen und unterstützen müssen.

Wohlgemerkt: Unterstützen, nicht bestimmen. Es geht nicht darum, der Belegschaft einen „von oben" erlassenen Maßnahmenkatalog zu präsentieren. Und es genügt auch nicht, allen Mitarbeitern den Zugang zu gesundheitsrelevanten Angeboten und Einrichtungen zu ermöglichen (was ebenfalls ein wichtiges Kriterium ist). Sie sollten darüber hinaus möglichst weitgehend an den Planungen und Entscheidungen beteiligt werden.

Für den Erfolg einer betrieblichen Gesundheitsförderung ist dies ein sehr wichtiger Faktor; denn wer an bestimmten Entscheidungen beteiligt ist, wird auch ein höheres Maß an Motivation und Verständnis aufbringen, wenn es darum geht, diese umzusetzen. Aus diesem Grund sollte die betriebliche Gesundheitsförderung auch bereits Bestandteil der Aus- und Weiterbildung sein.

Dabei geht es nicht darum, in einem einmaligen Kraftakt ein in Stein gemeißeltes Regelwerk zu schaffen, das von nun an ewig und für alle Zeiten Firmengesetz ist. Vielmehr müssen die geschaffenen Mechanismen fortlaufend geprüft und verbessert werden. Erzielte Fortschritte werden vonseiten des Managements regelmäßig in die Belegschaft kommuniziert.

Es handelt sich eindeutig um einen „Work-in-progress"-Prozess.

- Wie gewährleisten wir die Wiedereingliederung von Mitarbeitern, die längere Zeit arbeitsunfähig waren?
- Wie können wir die Vereinbarkeit von Beruf und Familie fördern?

Diese Fragen verlangen flexible und zeitgemäße Antworten.

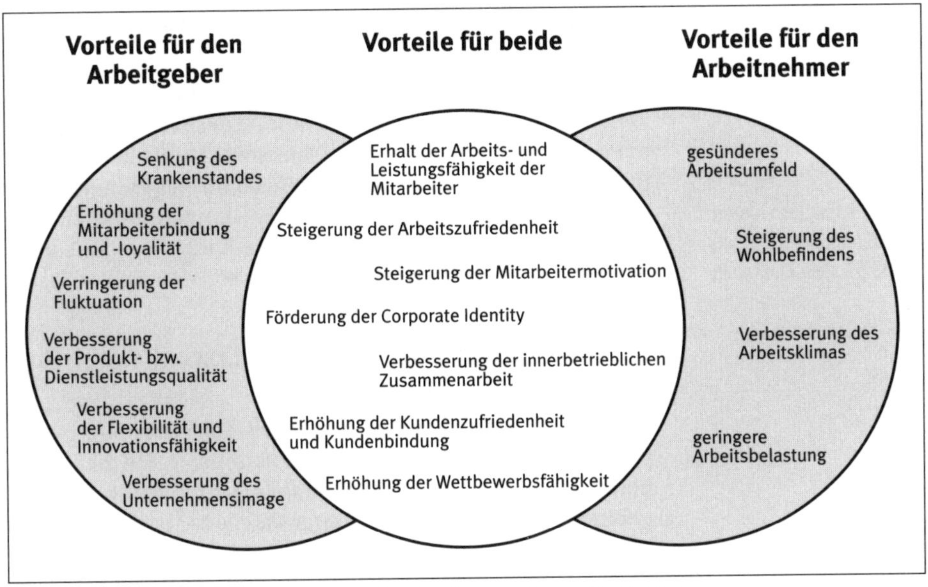

„Der Lohn der Mühe" – Erfolge einer betrieblichen Gesundheitsförderung

10 So hilft die gesetzliche Krankenversicherung

Die Kasse übernimmt nicht nur Leistungen, sondern informiert auch

Bei einem Burnout sollten Erkrankte oder gefährdete Personen neben dem Kontakt zu Medizinern, Coaches, Psychologen oder Arbeitgebern nicht die Krankenkasse als Anlaufstelle umgehen. Zum einen muss die Kasse vorab eingeschaltet werden, wenn bestimmte Kosten für Leistungen übernommen werden sollen. Zum anderen kann die Kasse durchaus auch hilfreiche Informationen zur Verfügung stellen.

10.1 Die Bedeutung psychischer Erkrankungen für Krankenkassen

Jedes Jahr erstellen die großen gesetzlichen Krankenkassen in Deutschland so genannte Gesundheitsreporte. Mit diesen Reporten geben die Kassen Jahr für Jahr Auskunft darüber, wie es um den Gesundheitszustand ihrer Mitglieder bestellt ist. Das heißt, sie dokumentieren, wie oft, wie lange und woran ihre Versicherten erkrankt sind. Berücksichtigt werden dabei allerdings nur Erwerbspersonen. In der Regel also Versicherte, die eine Arbeitsunfähigkeitsbescheinigung vorlegen müssen, wenn sie krank werden – entweder ihrem Chef, sofern sie sozialversicherungspflichtig beschäftigt sind oder der Agentur für Arbeit, sofern sie arbeitslos sind.

Verschiedene Klientel ...

Natürlich präzisieren die Reporte, wer in der statistischen Datenerhebung berücksichtigt wird. Unterscheidungen nach Alter, Geschlecht, Bundesland und zum Teil auch Branchenzugehörigkeit sind üblich.

Dabei zeigt sich, dass die Zusammensetzung der Versicherten in den unterschiedlichen Kassen beziehungsweise Kassenarten höchst heterogen ist.

Ein Beispiel: Setzen sich bei der Deutschen Angestellten Krankenkasse (DAK) die im Gesundheitsreport 2007 erfassten Mitglieder zu 62 Prozent aus Frauen und zu 38 Prozent aus Männern zusammen, war das Verhältnis bei der Techniker Krankenkasse (TK) im selben Jahr praktisch umgekehrt (Männer: 58 Prozent, Frauen: 42 Prozent). Auch bei den übrigen soziodemografischen Kriterien bestehen erhebliche Differenzen zwischen den einzelnen Kassen.

... gleiches Ergebnis

Doch egal, wie groß die Unterschiede sind und auch wenn die Berechnungsgrundlagen zum Teil divergieren – wer sich die verschiedenen Berichte aus den vergangenen Jahren seit etwa Ende der 1990er-Jahre ansieht, wird, von wenigen Ausnahmen abgesehen, zwei Gemeinsamkeiten feststellen:

Krankheitstage nehmen allgemein ab

- Gemeinsamkeit eins: Insgesamt nimmt die Zahl der Tage ab, an denen sich Erwerbspersonen arbeitsunfähig melden.

Arbeitsunfähigkeitstage wegen psychischer Erkrankungen nehmen dagegen zu

- Gemeinsamkeit zwei: Gegen diesen Trend nimmt die Zahl der Arbeitsunfähigkeitstage wegen psychischer Erkrankungen zu – zum Teil sprunghaft.

In den aktuellen Gesundheitsreporten der Krankenkassen nehmen die psychischen Erkrankungen unter den Krankheitsursachen eine der Spitzenpositionen ein.

So gingen beispielsweise bei der DAK im Jahr 2006 (DAK-Gesundheitsreport 2007) zehn Prozent der Arbeitsunfähigkeitstage auf das Konto psychischer Erkrankungen. Bei der Barmer Ersatzkasse sind es im selben Jahr sogar 14,4 Prozent gewesen.

Faktor Burnout

Zwar weisen die Statistiken nicht aus, welchen Anteil das Burnout-Syndrom an dem rasanten Anstieg hat. In der internationalen Klassifikation der Krankheiten (ICD-10), an der sich die Berichte orientieren, taucht die Bezeichnung „Ausgebranntsein" schon auf – allerdings nicht unter den Krankheiten, sondern lediglich als zusätzlicher „Faktor, der den Gesundheitszustand beeinflusst und zur Inanspruchnahme des Gesundheitswesens führt".

Dass dieser Umstand dazu führt, dass statt eines Burnouts oder zusätzlich zum Burnout eine psychische Störung, in der Regel eine Depression, diagnostiziert wird, liegt auf der Hand. Zumal die Symptome sich sehr ähneln und in vielen Fällen tatsächlich sowohl eine Depression als auch ein Burnout vorliegen.

Die Berichterstattung der Kassen räumt dem Phänomen Burnout zunehmend mehr Raum ein

Ungeachtet dieser etwas diffusen Situation: Dass die Bedeutung des Burnout-Syndroms im Gesundheitswesen wächst, lässt sich schon daran erkennen, wie viel Raum die Kassen dem Burnout-Syndrom seit einigen Jahren in ihrer Berichterstattung widmen.

Mehr Druck, weniger Krankheitstage, mehr Burnout-Fälle?

Es lässt sich aber auch aus dem scheinbaren Paradoxon der beiden zitierten Trends (sinkender Gesamtkrankenstand bei zunehmenden psychischen Erkrankungen) ableiten: Wenn Arbeitsdruck und Angst vor Arbeitslosigkeit zunehmen, wächst die Bereitschaft, sich auch in einem eigentlich arbeitsunfähigen Zustand zur Arbeit zu schleppen. Und zwar so lange, bis entweder der Druck und die Angst verschwinden (was sie in der Regel nicht tun) oder aber der Körper unter der Dauerüberforderung zusammenbricht (was er in der Regel tut).

In der Öffentlichkeit wird das Burnout-Syndrom zunehmend enttabuisiert

Auf der anderen Seite ist das Burnout-Syndrom in den vergangenen Jahren teilweise enttabuisiert worden. Eine wachsende Zahl von Betroffenen ist dazu in der Lage, Warnsignale zu erkennen und auch eine entsprechende Diagnose anzuerkennen. Hinzu kommt, dass das größer gewordene Wissen um die Krankheit auch in der Ärzteschaft die Entdeckungsrate erhöht hat.

Gute Gründe zum Gegensteuern

Diese Entwicklung, welche Ursachen sie im Einzelnen auch haben möge, kann den Krankenkassen schon von Gesetzes wegen nicht gleichgültig sein. Prävention und Gesundheitsförderung gehören ins Pflichtenheft der gesetzlichen Krankenversicherung. Im Sozialgesetzbuch heißt es: „Die Krankenversicherung als Solidargemeinschaft hat die Aufgabe, die Gesundheit der Versicherten zu erhalten, wiederherzustellen oder ihren Gesundheitszustand zu bessern."

Darüber hinaus hat die Zunahme psychischer Erkrankungen insgesamt aber auch eine ökonomische Dimension: Das Statistische Bundesamt bezifferte deren Kosten für das Gesundheitswesen für das Jahr 2002 auf 22,4 Milliarden Euro – zehn Prozent der Gesamtausgaben für Gesundheit. Einen beträchtlichen Teil dieses Kuchens müssen die Krankenkassen backen und der „Faktor Burnout" ist dabei sicherlich nicht bloß das Sahnehäubchen.

Bevor es zu spät ist ...

Psychisch Erkrankte sind für die Kassen eine teure Angelegenheit

Kein Wunder, dass die gesetzliche Krankenversicherung in der Prävention von Burnout-Fällen einen wichtigen Ansatzpunkt sieht. Psychisch Erkrankte sind, aufgrund der aufwändigen Behandlungen und der überdurchschnittlich langen Fehlzeiten, für die Kassen eine teure Angelegenheit. Es liegt also in ihrem eigenen Interesse, ihren Versicherten dabei zu helfen, gar nicht erst krank zu werden.

Wobei einige Krankenkassen dieses Argument mehr verinnerlicht haben als andere, denn das Angebotsspektrum ist je nach Kasse sehr breit und bewegt sich von „kaum vorhanden" bis „sehr umfangreich".

Aus der Vielzahl von Angeboten, die sich an Burnout-Betroffene und/oder psychisch Erkrankte richten, haben wir hier eine Übersicht erstellt. Da es natürlich unmöglich ist, die gesamte Palette der entsprechenden Hilfen und Vorsorgeleistungen innerhalb der gesetzlichen Krankenversicherung abzubilden (zumal diese sich ständig ändern), soll diese Übersicht in erster Linie zur Orientierung dienen. Sie erhebt keineswegs Anspruch auf Vollständigkeit!

Burnout-Betroffene, die an konkreten Angeboten interessiert sind, werden in der Regel nicht darum herum kommen, bei ihrer Kasse direkt nachzufragen oder auf deren Internetseite zu recherchieren.

10.2 Präventive Mittel der gesetzlichen Krankenkassen

Informationen im Internet ...

... bieten viele Kassen an. In kurzen Texten beschreiben sie zumeist Ursachen, Symptome, Diagnose- und Behandlungsmöglichkeiten der Erkrankungen und natürlich Vorbeugemaßnahmen für den Einzelnen. Die dargebotenen Informationen gehen allerdings kaum in die Tiefe. Manche Kassen bieten auch Burnout-Selbsttests an, die erste Hinweise auf eine mögliche Erkrankung liefern sollen.

Nutzwert für Betroffene:

In der Regel allgemeine Informationen und im konkreten Fall wenig hilfreich

eher gering. Die Angebote dienen mehr dem allgemein am Thema Interessierten als erster Einstieg. Ein Prophylaxe-Tipp auf den Bundesseiten der AOK lautet lapidar: „Durch geregelte Arbeitszeiten, angenehme Arbeitsbedingungen, Aufrechterhaltung sozialer Beziehungen und Stressvermeidung kann dem Burnout-Syndrom weitestgehend vorgebeugt werden." Das ist leicht gesagt – und wenig hilfreich.

Gegenüber den Inhalten seriöser und qualitätsbewusster Gesundheitsportale haben die Internetseiten der Krankenkassen keinen Vorteil. Die Multiple-Choice-Tests können Anhaltspunkte für einen drohenden Burnout geben, bieten in ihrer Analyse aber zumeist wenig konkrete Hilfestellungen dafür an, wie man mit dem Ergebnis umzugehen habe. Auch kann ein Test im Internet natürlich nicht die professionelle ärztliche Diagnose ersetzen.

Broschüren ...

Tipps zum Stressabbau, Work-Life-Balance-Konzepte, Zeitmanagement

... gehören vor allem bei den größeren Kassen zum Standardrepertoire – mit unterschiedlicher Qualität und Zielrichtung. Broschüren, die sich mit dem Thema Burnout-Prophylaxe beschäftigen, gibt es beispielsweise von der DAK („Stress?!") und der TK („Der Stress"). Die Printprodukte bieten Tipps zum Stressabbau, vermitteln Work-Life-Balance-Konzepte oder helfen, ein besseres Zeitmanagement zu entwickeln. Diese Broschüren sind in aller Regel von Fachmedizinern entwickelt und weisen eine entsprechende wissenschaftliche Qualität auf.

Darüber hinaus stehen weitere Medien für den Stressabbau zur Verfügung: So hat die TK für ihre Versicherten CDs zur Atementspannung und zur progressiven Muskelentspannung entwickelt.

NUTZWERT FÜR BETROFFENE:

Nützliche Informationen

Die Broschüren verfügen über deutlich mehr Substanz, als dies bei den Informationen im Internet der Fall ist. Wer nach Anregungen und Ratschlägen sucht, den Alltag gesünder zu gestalten und um besser mit Druck umzugehen, wird hier fündig. Voraussetzung ist allerdings, dass die innere Bereitschaft und das nötige Maß an Selbstdisziplin vorhanden ist, die Ratschläge auch zu befolgen.

Was eine Broschüre natürlich nicht leisten kann, ist individuelle Hilfestellung in konkreten Situationen. Der Nutzen einer solchen Lektüre hängt also sehr vom Leser und seinen spezifischen Lebensumständen ab.

Gleiches gilt für die Audio-CDs. Nicht jeder Mensch ist willens oder in der Lage, sich quasi auf Knopfdruck entspannen zu lassen. Dennoch können diese Instrumente vielen beim Stressabbau behilflich sein.

Helplines und Co. ...

... haben in den vergangenen Jahren viele Krankenkassen für ihre Versicherten eingerichtet. Was bei der DAK „Expertentelefon" heißt, nennt die Barmer „Gesundheitstelefon", bei der Gmünder ErsatzKasse (GEK) spricht man vom „Teledoktor" und bei der TK vom „Ärztezentrum". Die verschiedenen Bezeichnungen beschreiben ein sehr ähnliches Angebot: Mediziner geben Versicherten telefonischen Rat bei gesundheitlichen Problemen – einige Kassen, wie die DAK, die GEK oder die TK, bieten diesen Service sogar rund um die Uhr an. Die Innungskrankenkassen setzen auf ein- oder mehrtägige Telefonberatungen zu speziellen Themen wie „Stress im Job – wenn Arbeit auf die Seele schlägt". In eine etwas andere Richtung geht der Bundesverband der AOK mit seinem AOK-Ratgeberforum im Internet, das von mehreren Ärzten betreut wird.

Mediziner geben Versicherten telefonischen Rat bei gesundheitlichen Problemen

NUTZWERT FÜR BETROFFENE:

Der Vorteil gegenüber Broschüren oder Informationstexten aus dem Web ist klar: Hier können sich Betroffene mit ihren individuellen Fragen und Problemen an Fachleute wenden – und das ohne mehrwöchige Terminvorgabe und in manchen Fällen sogar mitten in der Nacht, wenn es sein muss. Auch gilt für die Gespräche selbstverständlich die ärztliche Schweigepflicht. Sämtliche Inhalte sind auch für die Kasse selbst tabu.

Das Problem: Dies allein garantiert nicht, dass der Ratsuchende auf seine individuelle Frage auch eine individuelle und nutzbringende Antwort erhält. Ob wirklich jeder Anrufer an den ausgewiesenen Spezialisten des benötigten Fachgebietes gerät, darf zumindest bezweifelt werden. Bei den speziell auf ein Thema zugeschnittenen Telefonberatungen der Innungskrankenkassen mag dies so sein. Bei den von verschiedenen Kassen angebotenen Expertenchats ebenso. Beides taugt aber bei akutem Beratungsbedarf überhaupt nicht (oder nur zufällig, wenn Termin und Problem genau zusammenfallen).

Die Helpline ist kein Ersatz für den Arztbesuch

Darüber hinaus gilt auch für diese Form der Beratung: kein Ersatz für den Arztbesuch! Die Hotline-Ärzte im Auftrag der gesetzlichen Krankenversicherung dürfen weder Diagnosen stellen, noch Behandlungs- oder Therapievorschläge machen. Sie erteilen ausschließlich allgemeine Auskünfte und Informationen zu Fragen aus der Medizin oder dem Gesundheitswesen.

Kurse oder Workshops ...

Die Kasse übernimmt einen Großteil der Kursgebühren für ihre Mitglieder

... zu Stressbewältigung oder Work-Life-Balance werden inzwischen sehr häufig angeboten. Viele dieser Kurse finden in Kooperation mit einer Krankenkasse statt, wodurch die Kasse einen Großteil der Kursgebühren für ihre Mitglieder übernimmt. Das gehört sozusagen ins Pflichtenheft „Prävention und Gesundheitsförderung" der Krankenkassen, die auch darauf zu achten haben, dass alle Kurse dem aktuellen Forschungsstand entsprechen und ausschließlich von qualifiziertem Fachpersonal geleitet werden.

Die meisten der Kurse behandeln das Thema Burnout eher indirekt, indem sie bestimmte Entspannungs- oder Stressbewältigungstechniken beinhalten, autogenes Training, progressive Muskelentspannung, Tai Chi, Hatha-Yoga oder Qigong.

Das Angebot unterscheidet sich von Krankenkasse zu Krankenkasse und von Region zu Region. Einige Kassen haben auch speziell auf Burnout-Prävention ausgerichtete Kurse entwickelt. So bietet die TK zusammen mit dem Institut für Burnout-Prävention (IBP) in verschiedenen deutschen Städten ein fünftägiges Intensivprogramm an, das auch die geschlechterspezifischen Unterschiede von Burnout-Fällen berücksichtigt: Es gibt sowohl Kurse für Mütter oder kinderlose Frauen, als auch Kurse für Väter oder kinderlose Männer.

Die Securvita BKK und andere Kassen verfolgen Ansätze der anthroposophischen Medizin, indem sie Malkurse zur Burnout-Prophylaxe bezuschussen. Die BIG-direkt hat gemeinsam mit der Reha-Klinik Möhnesee ein einwöchiges Anti-Burnout-Programm mit anschließender Nachsorge entwickelt.

Nutzwert für Betroffene:

Professionelle Anleitung und Austausch mit anderen Betroffenen

Der Nutzen der einzelnen Programme hängt natürlich von vielen Faktoren ab. Nicht zuletzt davon, wie die persönliche „Druckausgleichsstrategie" jedes Einzelnen aussieht. Der Vorteil spezieller Burnout-Präventionsangebote ist, dass die Betroffenen von zweierlei profitieren: Sie können sich mit Menschen austauschen, die in einer ähnlichen Situation sind, und sie können unter professioneller Anleitung herausfinden, wie sie in diese Situation hineingeraten sind und wie sie wieder herauskommen.

Betriebliches Gesundheitsmanagement ...

... ist natürlich auch für Krankenkassen ein wichtiges Thema. Erstens liegt es im natürlichen Interesse der Kasse, dass ihre Mitglieder gesund sind und es auch bleiben. Zweitens ist es natürlich nicht von Nachteil für eine Krankenkasse, wenn sie die Entscheider eines Betriebes erfreut, indem sie sich für die Gesundheit der Mitarbeiter einsetzt. Und drittens: Die betriebliche Gesundheitsförderung und Prävention arbeitsbedingter Gesundheitsgefahren gehört zu den gesetzlichen Pflichten einer Krankenkasse.

Im Kapitel 9 „So hilft der Arbeitgeber" sind wir bereits auf verschiedene Möglichkeiten und Ansätze eingegangen, wie ein betriebliches Gesundheitsmanagement installiert werden kann. Viele Krankenkassen unterstützen den Prozess mit Instrumenten wie Arbeitsplatzanalysen, Mitarbeiterschulungen, Führungskräftetrainings oder Gesundheitszirkeln. Selbstverständlich ist die Annahme legitim, dass das Engagement, das eine Krankenkasse in die betriebliche Gesundheitsförderung investiert, in einem gewissen Verhältnis zu der Zahl der in diesem Betrieb bei ihr versicherten Mitarbeiter steht. Verständlicherweise möchte man die teuren Gesundheitsförderungsmaßnahmen lieber den eigenen Mitgliedern angedeihen lassen, als denen der Mitbewerber.

Viele Krankenkassen unterstützen mit Arbeitsplatzanalysen, Mitarbeiterschulungen, Führungskräftetrainings oder Gesundheitszirkeln

Nutzwert für Betroffene:

Die Vorzüge des Betrieblichen Gesundheitsmanagements haben wir in Kapitel 8 „So hilft der Fachanwalt für Arbeitsrecht" und in Kapitel 10 „So hilft der Arbeitgeber" schon vorgestellt.

10.3 Und wenn es für Prävention bereits zu spät ist?

Es gibt also recht umfangreiche Angebote für gesetzlich Versicherte, die einem Burnout zuvorkommen möchten. Das entspricht den gesetzlichen Pflichten der Krankenkassen, und es entspricht in der Regel auch ihren eigenen wirtschaftlichen Interessen.

Wie ist nun die Situation bei Betroffenen, denen mit Vorsorgemaßnahmen nicht mehr geholfen ist? Bei denen es zum totalen Zusammenbruch gekommen und eine Arbeitsfähigkeit für lange Zeit kaum vorstellbar ist?

Arbeitsfähig oder arbeitsunfähig?

Im Prinzip ist die Interessenkonstellation dieselbe geblieben: Der Betroffene möchte wieder gesund werden. Die Kasse möchte, dass der Betroffene wieder gesund wird. Die Kasse möchte aber auch, dass der Betroffene wieder arbeitsfähig wird. Und genau an diesem Punkt kann es zu Konflikten kommen.

In Internetforen berichten einige Langzeiterkrankte, dass sie von ihren Krankenkassen förmlich dazu „gezwungen" worden seien, wieder arbeiten zu gehen, obwohl sie dazu gar nicht in der Lage gewesen seien. Auch wenn diese Fälle sicherlich nicht die Regel sind, für den Einzelnen bedeuten sie eine Katastrophe.

Der Medizinische Dienst (MDK) begutachtet, ob ein Versicherter arbeitsfähig ist oder nicht

Bei Langzeiterkrankten ist es der Medizinische Dienst der Krankenversicherung (MDK), der „im Auftrag" der Krankenkassen begutachtet, ob ein Versicherter arbeitsfähig ist oder nicht. Der MDK kann beispielsweise auch Empfehlungen abgeben für bestimmte Reha-Maßnahmen oder für stationäre Klinik-Aufenthalte. Die Entscheidung über eine Leistung liegt nach wie vor bei der Krankenkasse, aber die Einschätzung des MDK spielt dabei natürlich eine wichtige Rolle.

Widerspruch gegen das Gutachten des MDK und die Entscheidung der Kasse

Der MDK ist nicht der natürliche Gegner der Versicherten, sondern soll gemeinsam mit dem Patienten einen Weg finden, eine lang andauernde Arbeitsunfähigkeit zu verhindern (siehe Kapitel 4: „Was können Betroffene für sich selbst tun?"). Wer allerdings der Ansicht ist, das Gutachten des MDK und die Entscheidung der Kasse seien falsch, kann dagegen Widerspruch einlegen. Betroffene sollten ihren behandelnden Arzt um Hilfe bei der Formulierung bitten. Als nächster Schritt bleibt dann allerdings nur noch, einen Rechtsanwalt einzuschalten.

Integrierte Versorgung

Der Patient erhält eine Behandlung „aus einem Guss"

Seit einigen Jahren gibt es das Instrument der integrierten Versorgung. Deren Ziel ist es, die Zusammenarbeit zwischen Ärzten, Krankenhäusern, Reha-Einrichtungen und Physiotherapeuten zu koordinieren, um Patienten eine Behandlung „aus einem Guss" anbieten zu können und ihnen nervenzehrenden Organisationsstress zu ersparen. Der Patient muss sich nicht mehr selbst darum kümmern, dass nach einer stationären die ambulante Behandlung erfolgen kann oder eine geeignete Reha-Maßnahme.

Mittlerweile haben viele Krankenkassen solche Verträge zur integrierten Versorgung mit verschiedenen Behandlern wie Allgemeinärzten, Fachärzten und Kliniken abgeschlossen – der Bereich „Psychische Erkrankungen" ist einer der Behandlungsschwerpunkte.

Erkrankte können sich bei ihrer Krankenkasse darüber informieren, ob für sie ein Angebot zur integrierten Versorgung infrage kommt. Entsprechende Recherchemöglichkeiten gibt es natürlich auch im Internet (siehe Teil 3: „Nützliche Adressen und Literatur").

Weitere Behandlungsmöglichkeiten

Mit der Beurteilung geeigneter Behandlungsformen bei Burnout tun sich die Krankenkassen schwer und bieten ein buntes Meinungsspektrum. Das liegt einerseits daran, dass das Burnout-Syndrom selbst nicht als Krankheit im Sinne der „Internationalen Klassifikation der Krankheiten" angesehen wird, andererseits an der Vielschichtigkeit und der unterschiedlichen Ausprägung der Beschwerden (siehe Kapitel 1: „Das Burnout-Syndrom).

Grundsätzlich gibt es die Möglichkeit, dass eine psychotherapeutische Behandlung auch aufgrund eines „reinen" Burnouts von der Kasse bezahlt wird. In der Praxis werden sich in der Diagnose des behandelnden Arztes auch Wörter wie „Depression" oder „Anpassungsstörung" wiederfinden, was die Kostenübernahme durch die Kassen erleichtert – und in den allermeisten Fällen ja auch nicht falsch ist.

Wichtig ist in jedem Fall, dass der Betroffene Rücksprache mit seiner Krankenkasse hält, bevor er sich einen Therapeuten aussucht. Denn nur für von den Kassen anerkannte Therapeuten werden die Kosten übernommen. Viele Kassen bieten ein entsprechendes Verzeichnis zugelassener Psychotherapie-Praxen auf ihren Internetseiten an.

Mit der Krankenkasse Rücksprache halten, bevor man sich für eine Therapie entscheidet

Unter der eben genannten Prämisse, dass eine „anerkannte" psychische Erkrankung diagnostiziert wird, übernimmt die Krankenkasse in der Regel auch die Kosten für eine Kur oder stationäre Heilbehandlung. Eine entsprechende Diagnose kann auch der Hausarzt stellen, ein Facharzt ist dazu nicht notwendig. Im Internet gibt es ein Verzeichnis geeigneter Kliniken in Deutschland mit dem Schwerpunkt „Psychosomatik" (siehe Teil 3: „Nützliche Adressen und Literatur").

Welchen Einfluss hat die Gesundheitsreform?

Ob das breit gefächerte Angebot jenseits der gesetzlich vorgeschriebenen Verpflichtungen auch künftig von den Kassen angeboten wird, dahinter steht ein Fragezeichen. Zwar dürften sich „Investitionen“ in Hilfen für Burnout-Betroffene für die Kassen langfristig „rentieren“, doch müssten die Aufwendungen dafür auch von den Beitragseinnahmen gedeckt sein. Doch die Gesundheitsreform wird langfristige Planungen für die Kassen schwieriger machen.

Denn mit Einführung des Gesundheitsfonds im Jahr 2009 können die Kassen über ihre Einnahmenseite nicht mehr selbst bestimmen. Das übernimmt dann die Bundesregierung, die einen für alle Kassen gültigen Beitragssatz festlegt. Es wird sich erweisen, ob bedarfsgerechte Analysen über den künftigen Einheitsbeitrag entscheiden oder die Opportunitäten politischer Rahmenbedingungen. Und es wird sich erweisen, wie groß der Handlungsspielraum der Kassen dann noch ist, Burnout-Betroffenen mit Maßnahmen jenseits der gesetzlichen Mindeststandards zu helfen.

Teil 3

Nützliche Adressen und Literatur

Ob Fachliteratur, Betriebsarzt, Selbsthilfegruppen, Verbände oder Initiativen:

Wir haben aus dem unüberschaubar großen Angebot die (aus unserer Sicht) wichtigsten Anlaufstellen für Burnout-Betroffene zusammengestellt.

Generell gilt: Je eher Betroffene sich Hilfe holen, desto mehr Möglichkeiten gibt es.

Kliniken

- **Schön Kliniken**
  Birkenweg 10
  24576 Bad Bramstedt
  www.schoen-kliniken.de
  Die Schön Kliniken sind spezialisiert auf Orthopädie, Neurologie, Chirurgie, Psychosomatik und Innere Medizin. Der Schwerpunkt liegt in der Akutversorgung. Außerdem sind sie eine der größten psychosomatischen Kliniken Deutschlands.

- **TCM-Klinik Kötzting**
  Ludwigstraße 2
  93444 Kötzting/Bayerischer Wald
  www.tcm-klinik-koetzting.de
  Die TCM-Klinik ist die erste deutsche Klinik für Traditionelle Chinesische Medizin und gehört dem Kompetenznetzwerk Naturheilverfahren/Komplementärmedizin des Zentrums für naturheilkundliche Forschung der II. Medizinischen Klinik der Technischen Universität München an.

- **Gezeiten Haus Klinik**
  Venner Straße 55
  53177 Bonn/Bad Godesberg
  www.gezeitenhaus.de
  Die Privatklinik hat ein Angebot aus Schulmedizin, Alternativmedizin, traditioneller chinesischer Medizin (TCM) und Psychosomatik.

- **Klinik Berus**
  Zentrum für Psychosomatik und Verhaltensmedizin
  Orannastraße 55
  66802 Überherrn-Berus
  www.ahg.de/berus
  Die Klinik Berus – Zentrum für Psychosomatik und Verhaltensmedizin gehört zu den bekannten und anerkannten Fachkliniken in Deutschland, die sich auf die Therapie von Krankheitsbildern spezialisiert haben, die nicht ausschließlich organisch bedingt oder erklärbar sind.

- **Panorama-Fachkliniken**
  Kurstraße 22
  88175 Scheidegg
  www.panorama-fachklinik.de
  Rehaklinik für Psychosomatik, Psychotherapeutische Medizin, Naturheilverfahren und Traditionelle Chinesische Medizin.

- **Poliklinik für Psychosomatik und Psychotherapie**
  Martinistraße 52
  20246 Hamburg
  www.uke.uni-hamburg.de/kliniken/psychosomatik/index.php
  Die Klinik behandelt Patienten mit dem gesamten Spektrum psychosomatischer Erkrankungen. Körperlich erkrankte Menschen mit begleitenden psychischen Beschwerden werden ambulant und stationär behandelt.

- **Klinikum Nürnberg Nord**
  Klinik für Psychosomatik und psychotherapeutische Medizin
  Prof.-Ernst-Nathan-Straße 1
  90419 Nürnberg
  www.klinikum.nuernberg.de
  Die Klinik für Psychosomatik und psychotherapeutische Medizin hat seit Anfang 2008 eine eigene Therapie-Gruppe für Patienten mit Burnout.

Einrichtungen und Initiativen

- **Fürstenberg Institut GmbH**
  Dorotheenstraße 37
  10117 Berlin
- Colonnaden 96
  20354 Hamburg
- Stresemannstraße 26
  40210 Düsseldorf
  www.fuerstenberg-institut.de
  Die drei Standorte des Fürstenberg Instituts werden durch ein Netzwerk an externen Ansprechpartnern im ganzen Bundesgebiet ergänzt – insbesondere in Ballungsräumen wie Frankfurt, München, Köln oder Stuttgart. Schwerpunkte: die betriebliche Suchtprävention, Gesundheitsförderungsprojekte und externe Mitarbeiterberatung.

- **Wiesbadener Akademie für Psychotherapie (WIAP)**
  Luisenstraße 28
  65185 Wiesbaden
  www.wiap.de
  Die Wiesbadener Akademie für Psychotherapie ist ein staatlich anerkanntes Aus- und Weiterbildungsinstitut für Psychotherapie, welches bundesweit Psychotherapeuten vermittelt.

- **Initiative Neue Qualität der Arbeit**
  Bundesanstalt für Arbeitsschutz und Arbeitsmedizin
  Friedrich-Henkel-Weg 1 – 25
  44149 Dortmund
  www.inqa.de
  Die Initiative will die Interessen der Menschen an positiven, gesundheits- und persönlichkeitsförderlichen Arbeitsbedingungen mit der Notwendigkeit wettbewerbsfähiger Arbeitsplätze verbinden.

- **Psychotherapie-Informations-Dienst (PID)**
  Oberer Lindweg 2
  53129 Bonn
  www.psychotherapiesuche.de
  Wer sich zu einer Psychotherapie entschlossen hat, psychotherapeutische Hilfe sucht, kompetente Beratung zur Wahl des geeigneten Therapeuten braucht, kann hier entweder über die Therapeutensuche in der Online-Datenbank selbst suchen oder die Telefonberatung in Anspruch nehmen.

- **BASTA**
  Das Bündnis für psychisch erkrankte Menschen – Gegen die Diskriminierung psychisch Kranker
  Möhlstraße 26
  81675 München
  www.openthedoors.de
  BASTA ist Teil des weltweiten Programms der World Psychiatric Association (WPA). Das Programm „open the doors“ richtet sich gegen Stigmatisierung und Diskriminierung psychisch erkrankter Menschen.

- **Institut für Betriebliche Gesundheitsförderung BGF GmbH**
  Neumarkt 35 – 37
  50667 Köln
  www.bgf-institut.de
  Plattform, die Informationen rund um das Thema „Gesundheitsmanagement im Betrieb“ bietet.

- **DIMDI – Deutsches Institut für Medizinische Dokumentation und Information**
  Waisenhausgasse 36 – 38 a
  50676 Köln
  www.dimdi.de
  Bei DIMDI kann man in rund 70 Datenbanken die Themen Medizin, Arzneimittel und Toxikologie recherchieren. Darüber hinaus bietet das Institut zahlreiche weitere Informationen aus dem gesamten Gesundheitswesen.

Seminare, Beratungen, Coachings

- **Seminar „Burnout-Stop"**
  Institut für Burnout-Prophylaxe
  Weidenallee 2 B
  20357 Hamburg
  www.burnout-stop.de
  Das Institut ist spezialisiert auf Burnout-Prävention, Work-Life-Balance und die Vereinbarkeit von Beruf und Familie. Je nach Zielgruppe und jeweiliger Situation werden in Absprache passgenaue Kursangebote erstellt.

- **padoc – health & productivity management**
  Behringstrasse 28a
  22765 Hamburg
  www.padoc.de
  padoc zeigt Unternehmen, wie sie durch gesündere Mitarbeiter eine höhere Produktivität erreichen. Die Seminare und Coachings richten sich an Führungskräfte, die ihr Wissen anschließend weitergeben sollen und wollen.

- **SHENZAI**
  Susanne Preiss
  Strandweg 97a
  22587 Hamburg
  www.shenzai.com
  Die Trainerin Susanne Preiss bietet Intensiv-Kurse zum Abbau von Stress, zur Wiederherstellung des inneren Gleichgewichts und zum Aufladen der Batterien an.

- **Büro für Berufsstrategie Hesse/ Schrader**
  Oranienburger Straße 4 – 5
  10178 Berlin
  www.berufsstrategie.de
  Das Büro für Berufsstrategie ist ein Karriereberatungs- und Seminarunternehmen, welches bundesweit an fünf Standorten (Berlin, Frankfurt, Stuttgart, Hamburg und München) berät.

- **DGfK – Deutsche Gesellschaft für Karriereberatung e.V.**
  Paul-Kornfeld-Weg 52
  60439 Frankfurt am Main
  www.dgfk.org
  DGfK bietet Überblick und Transparenz auf dem Markt der Karriereberater. Der Verein stellt Auswahlkriterien bereit und hilft, den passenden Berater zu finden.

- **Bundesverband Deutscher Unternehmensberater BDU e.V.**
  Zitelmannstraße 22
  53113 Bonn
  www.bdu.de
  Wichtige Aufgaben des BDU bestehen darin, die wirtschaftlichen und rechtlichen Rahmenbedingungen der Con-

sultingbranche positiv zu beeinflussen und Qualitätsmaßstäbe durch Berufsgrundsätze zu etablieren.

- **Swiss Burnout**
  Falkensteinstrasse 1
  CH-9006 St. Gallen
  www.swissburnout.ch
  Dialog-Plattform für Gesundheitsfachleute, Organisationen und Personen, die sich über alle Fragen bezüglich des Burnout-Syndroms informieren möchten.

- **IBP – Institut für Burnout-Prävention**
  Am Damm 33 A
  22715 Hamburg
  www.work-life-balancing.de
  Das Institut verfügt über Erfahrungen in der Entwicklung und Durchführung von Seminaren im Bereich des Gesundheitsmanagements.

Verbände, Vereine, Behörden

- **Deutscher Paritätischer Wohlfahrtsverband – Gesamtverband e. V.**
  Oranienburger Straße 13-14
  10178 Berlin
  www.der-paritaetische.de
  Vereinigung der freien gemeinnützigen Kranken- und Pflegeanstalten Deutschlands. Informationsservice, Meldungen und Stellungnahmen zu sozialen und sozialpolitischen Themen sowie Adressen von Ansprechpartnern und Einrichtungen.

- **Berufsverband Deutscher Psychologinnen und Psychologen e.V.**
  Glinkastraße 5
  10117 Berlin
  www.bdp-verband.org
  Berufs- und Fachverband aller Diplom-Psychologen in Deutschland. Etwa ein Drittel aller berufstätigen Psychologen in Deutschland (rund 13.000) ist Mitglied im BDP.

- **Deutscher Verband für Coaching und Training e.V. (dvct)**
  Gotenstraße 11A
  20097 Hamburg
  www.dvct.de
  Berufsverband für Coaches und Trainer, der bundesweit tätig ist und sich für Qualitätskriterien im Coaching und Training einsetzt. Die kostenlose Datenbanksuche nach Coaches und Trainern ergänzt das Internetangebot.

- **Bundesverband der Vertragspsychotherapeuten e.V.**
  Schwimmbadstraße 22
  79102 Freiburg
  www.bvvp.de
  Glossar mit wichtigen Stichpunkten zur Psychotherapie sowie ausführliche Informationen über die Kassenleistungen für Psychotherapie.

- **Gesellschaft für wissenschaftliche Gesprächspsychotherapie (GwG) e. V.**
  Fachverband für Psychotherapie und Beratung
  Melatengürtel 125 a
  50825 Köln
  www.gwg-ev.org
  Die GwG ist der größte europäische Fachverband für Psychotherapie und Beratung, der eine kostenlose Datenbanksuche nach Psychotherapeuten

und Beratern auf seinen Internetseiten anbietet.

- **Ethik in der Psychotherapie e.V.**
  Forstenrieder Allee 115
  81476 München
  www.ethikverein.de
  Der gemeinnützige Verein ist für die Entwicklung und Förderung von Behandlungsstandards und Ethik in der Psychotherapie und Anlaufstelle für Patienten, Therapeuten, Ausbildungskandidaten und Institutionen. Dabei steht die Beratung von Patienten und Psychotherapeuten in ethisch schwierigen Fragen im Vordergrund.

- **Bundesanstalt für Arbeitsschutz und Arbeitsmedizin (BauA)**
  Friedrich-Henkel-Weg 1 – 25
  44149 Dortmund
  www.baua.de
  Als Kompetenzpool und Wissensdienstleisterin in Sachen Sicherheit und Gesundheit bei der Arbeit steht die BauA den Betrieben, der Politik, den Sozialpartnern, der Öffentlichkeit und nicht zuletzt Hilfesuchenden mit Rat und Tat zur Seite.

- **Deutsche PsychotherapeutenVereinigung**
  Am Karlsbad 15
  10785 Berlin
  www.deutschepsychotherapeutenvereinigung.de
  www.psychotherapeutenliste.de
  Die Deutsche PsychotherapeutenVereinigung vertritt die beruflichen Interessen der Psychotherapeuten. Ziel der Vereinigung ist die Verbesserung der ambulanten und stationären psychotherapeutischen Versorgung in Deutschland. Auf der Internetseite der Vereinigung können Interessierte deutschlandweit nach einem Psychotherapeuten suchen.

- **Bundesärztekammer**
  Arbeitsgemeinschaft der deutschen Ärztekammern
  Herbert-Lewin-Platz 1
  10623 Berlin
  www.bundesaerztekammer.de
  Die Bundesärztekammer ist die Spitzenorganisation der ärztlichen Selbstverwaltung in Deutschland. Wer mit seiner Psychotherapie, seinem Therapeuten unzufrieden ist, kann sich an die Kammer wenden.

- **Bundespsychotherapeutenkammer (BPtK)**
  Klosterstraße 64
  10179 Berlin
  www.bptk.de
  Hier können sich Betroffene einen ersten Überblick verschaffen und erhalten Hinweise darüber, was man tun kann, wenn man eine professionelle Behandlung möchte. Wer mit seiner Psychotherapie, seinem Therapeuten unzufrieden ist, findet hier Unterstützung.

- **Beauftragte der Bundesregierung für die Belange der Patientinnen und Patienten**
  Helga Kühn-Mengel
  Friedrichstraße 108
  10117 Berlin
  www.patientenbeauftragte.de

Ihre Hauptaufgaben sieht die Diplom-Psychologin Kühn-Mengel darin, Patienten fachkundig zu beraten und den Patientenschutz und die Patientenrechte weiter auszubauen.

- **Vaeter e.V.**
  Am Felde 2
  22765 Hamburg
  www.vaeter.de
  Vaeter sind Väter, die in Elternzeit sind, es waren oder reduziert arbeiten, um mehr Zeit für ihre Kinder und Familien zu haben. Sie fördern den stetigen Austausch untereinander und mit anderen Organisationen, Behörden und Institutionen.

- **Berufsverband der Fachärzte für Psychosomatische Medizin und Psychotherapie Deutschlands e.V. (BPM)**
  Landauer Straße 7
  14197 Berlin
  www.bpm-ev.de
  Auf den Internetseiten des Verbandes findet man aktuelle Meldungen sowie eine Suchmaschine für ärztliche Psychotherapeuten.

- **Deutsche Gesellschaft für Psychoanalyse, Psychotherapie, Psychosomatik und Tiefenpsychologie (DGPT) e.V.**
  Johannisbollwerk 20
  20459 Hamburg
  www.dgpt.de
  Auf dieser Website finden Interessierte eine Suchmaschine für Psychoanalytiker sowie eine Adressliste von Instituten.

- **Deutsche Gesellschaft für Verhaltenstherapie e. V. (DGVT)**
  Bundesgeschäftsstelle
  Neckarhalde 55
  72070 Tübingen
  www.dgvt.d
  Der DGVT setzt sich für die Verwirklichung einer psychosozialen Gesundheitsversorgung im Sinne der Hilfesuchenden ein. Auf der Internetseite findet man eine ausführliche Linkliste und Hintergrundinformationen.

- **Bundesministerium für Arbeit und Soziales (BMAS)**
  Wilhelmstraße 49
  10117 Berlin
  www.bmas.de
  Der Internetauftritt des Ministeriums verfügt über sehr umfangreiche Informationen rund um das Thema Arbeit und Beschäftigung.

Ratgeber-Literatur

- Burisch, Matthias: **Das Burnout-Syndrom.**
  Burnout ist ein Phänomen, das in jedem Beruf und in jeder Lebenslage auftreten kann. Der Autor Matthias Burisch entwickelt eine umfassende Theorie des Burnout-Syndroms.
- Hillert, Andreas und Marwitz, Michael: **Die Burnout Epidemie. Oder brennt die Leistungsgesellschaft aus?**
  Für die Autoren des Ratgebers gleicht Burnout der Quadratur des Kreises: Wer ausgebrannt ist, ist gescheitert, doch ohne eigene Schuld, im Gegenteil, er gilt als besonders leistungsorientiert.

- Litzcke, Sven und Schuh, Horst: **Stress, Mobbing und Burn-out am Arbeitsplatz.** Schwierige Situationen im Beruf meistern, Umgang mit Leistungs- und Zeitdruck sowie praxisorientierte Hilfestellungen.
- Nussbaum, Cordula: **300 Tipps für mehr Zeit.** Dieses Buch hilft dem Leser, mehr aus seiner Zeit zu machen. Mit 300 gezielten Lösungen für konkrete Probleme.
- Radisch, Iris: **Die Schule der Frauen: Wie wir die Familie neu erfinden.** Iris Radisch beschäftigt sich in ihrem Buch mit den Ursachen, Folgen und (un)möglichen Auswegen aus unserem „Familien-Dilemma“.
- Richter, Robert und Schäfer, Eberhard: **Das Papa Handbuch.** Alles, was man wissen muss zu Schwangerschaft, Geburt und dem ersten Jahr zu dritt.
- Rothlin, Philippe und Werder, Peter R.: **Diagnose Boreout. Warum Unterforderung im Job krank macht.** Die Autoren beschreiben anschaulich das weit verbreitete, aber bisher totgeschwiegene Phänomen: Boreout durch Desinteresse, Langeweile und Unterforderung am Arbeitsplatz.
- Ruhwandl, Dagmar: **Erfolgreich ohne auszubrennen. Das Burnout-Buch für Frauen.** Die Autorin geht vor allem auf drei zentrale Prinzipien weiblicher Burnout-Prävention ein: Grenzen schneller erkennen, effektiver regenerieren und häufiger delegieren.
- Schröder, Jörg-Peter: **Wege aus dem Burnout. Möglichkeiten der nachhaltigen Veränderung.** Viele arbeiten nach dem „Schneller, Höher, Weiter-Prinzip“, bis nichts mehr geht. Das Buch veranlasst zum Innehalten.
- Unger, Hans-Peter und Kleinschmidt, Carola: **Bevor der Job krank macht.** Wie uns die heutige Arbeitswelt in die seelische Erschöpfung treibt – und was man dagegen tun kann.

Adressen für den Notfall

- **Telefonseelsorge**
  0 800/111 0 111 oder
  0 800/111 0 222
  www.telefonseelsorge.de
  In Deutschland gibt es 104 Telefonseelsorgestellen, die zu jeder Tages- und Nachtzeit eine anonyme Beratung am Telefon anbieten. Unter den bundeseinheitlichen Telefonnummern kann kostenlos angerufen werden.

- **Freunde fürs Leben e.V.**
  Damaschkestraße 4
  10711 Berlin
  www.frnd.de
  Die Gründer des Vereins sind Hinterbliebene: haben Menschen verloren oder sind betroffen durch Erlebnisse in ihrem unmittelbaren Umfeld. Interessierte finden hier Informationen und Hilfeadressen zu den Themen Depression und Suizid.

Internetportale

- **Kompetenznetz Depression, Suizidalität**
  Klinik und Poliklinik für Psychiatrie
  Universitätsklinikum Leipzig
  Semmelweisstraße 10
  04103 Leipzig
  www.kompetenznetz-depression.de
  Dieses Informationsportal zum Thema Depression und Suizidalität bietet Informationen zu Krankheitsbild, Diagnose, Therapiemöglichkeiten der Depression. Außerdem einen Selbsttest, Informationen über medizinische Angebote, psychosoziale Beratungsstellen und Selbsthilfeaktivitäten.

- **krankenkassennetz.de GmbH**
  Große Steinstraße 16
  06108 Halle
  www.krankenkassenratgeber.de
  Der Online-Auftritt zum Verbrauchermagazin „krankenkassenRatgeber" stellt die aktuelle Ausgabe als Download bereit und bietet umfassende Verbraucherinformationen zu Gesundheit und Krankenversicherung.

- **Psychiatriegespräch: Das Forum für Psychiatrie und Psychotherapie**
  Franz Engels
  Facharzt FMH für Psychiatrie und Psychotherapie
  Hafenstrasse 12
  CH-9320 Arbon TG
  www.psychiatriegespraech.de
  Das Internetangebot fördert den direkten Austausch und die Aussprache zwischen Betroffenen respektive Psychiatrie-Erfahrenen, Angehörigen und Helfern. Ziel: Aufklärung zu leisten, Ausgrenzung und Stigmatisierung zu vermindern und Anstöße zu einer Verbesserung des psychiatrischen Angebotes zu geben.

- **Psychiatrienetz**
  Thomas-Mann-Straße 49 a
  53111 Bonn
  www.psychiatrie.de
  Das Internetangebot stellt Inhalte und Materialien für Psychiatrieerfahrene, Angehörige, Experten und Interessierte zur Verfügung und bietet ein Forum für die Diskussion, den Erfahrungsaustausch und die Kommunikation.

- **Mobbing & Burnout – Erkennen, Bewältigen, Vermeiden**
  ver.di Bildungswerk Hessen e.V.
  Postfach 20 02 55
  60606 Frankfurt am Main
  http://mobbing-und-burnout.sozialnetz.de
  Das Präventionsportal bietet eine offene Experten-Sprechstunde zum Thema „Mobbing und Burnout" im Chat an. Der Chat findet in der Regel mittwochs von 18 bis 20 Uhr statt.

- **Arzt-Auskunft**
  Stiftung Gesundheit
  Behringstraße 28 a
  22765 Hamburg
  www.arzt-auskunft.de
  Verbraucher bekommen in dem unübersichtlichen Feld von Medizin und Gesundheit verlässliche und verständliche Informationen sowie praktische Orientierungshilfe. Ergänzt wird das Angebot durch eine umfangreiche Arzt- und Klinik-Suche.

- **gesundheit.de**
  Andreae-Noris Zahn AG (ANZAG)
  Abteilung eBusiness
  Solmsstraße 25
  60486 Frankfurt am Main
  www.gesundheit.de
  Dieses Internetportal bietet ausführliche Informationen zu Gesundheit, Medizin und Krankheiten, Ernährung, Fitness und Wellness.

- **Neurologen und Psychiater im Netz**
  Berufsverband Deutscher Neurologen e.V. (BDN)
  Hammer Landstraße 1a
  41460 Neuss
  www.npin.de
  Umfassende Informationen zu neurologischen und psychiatrischen Erkrankungen sowie psychotherapeutischen Themen.

- **das-burnout-syndrom.de**
  Tom Pape
  Am Eichberg 12
  08412 Werdau
  www.das-burnout-syndrom.de
  Umfassende Informationen zum Thema „Burnout" sowie Berichte von Betroffenen.

- **Deutsches Studentenwerk e.V.**
  Monbijouplatz 11
  10178 Berlin
  www.studentenwerke.de/main/default.asp?id=04101
  43 Studentenwerke bieten Psychologische Beratung für Studierende an. Beratung und Behandlung sind in der Regel unentgeltlich.

Selbsthilfegruppen

- **Fatigatio e.V.**
  Bundesverband Chronisches Erschöpfungssyndrom
  Albrechtstraße 15
  10117 Berlin
  www.fatigatio.de
  Fatigatio ist eine Selbsthilfeorganisation von und für Menschen mit dem Chronischen Erschöpfungssyndrom (CFS). Der Verein informiert über Diagnose und Therapiemöglichkeiten und bietet Beratungen an.

- **NAKOS**
  Nationale Kontakt- und Informationsstelle zur Anregung und Unterstützung von Selbsthilfegruppen
  Wilmersdorfer Straße 39
  10627 Berlin
  www.nakos.de
  Bei NAKOS findet man in verschiedenen Datenbanken Adressen von Selbsthilfegruppen zu verschiedenen Themen.

- **Sekis – Selbsthilfe Kontakt- und Informationsstelle**
  Albrecht-Achilles-Straße 65
  10709 Berlin
  www.sekis-berlin.de
  Sekis informiert und berät über die Arbeit und über die Möglichkeiten und Grenzen von Selbsthilfegruppen. Zudem klären sie in persönlichen Gesprächen, ob eine und welche Gruppe für Ratsuchende in Frage kommt und bringen sie in Kontakt mit anderen Interessierten.

STICHWORTVERZEICHNIS